LA REINE

LOUISE DE PRUSSE

DU MÊME AUTEUR

Manuel et son Temps. — Étude sur l'Opposition parlementaire sous la Restauration. Rapporteur à l'Institut, M. Henri Martin, membre de l'Académie française.

Capitulations militaires de la Prusse, d'Iéna à Tilsitt, d'après les archives du Dépôt de la Guerre. Rapporteur à l'Institut, M. Hip. Passy, ancien pair de France.

La Diplomatie prussienne depuis la paix de Presbourg jusqu'au traité de Tilsitt, d'après les archives du Dépôt de la Guerre et du Ministère des affaires étrangères. Rapporteur à l'Institut, M. Zeller, professeur à l'École polytechnique.

Histoire de Desaix, ouvrage écrit par ordre de M. le général Gresley, ministre de la guerre, sénateur. Rapporteur à l'Institut, M. Zeller.

Royaume de Prusse, d'après les archives du Saint-Empire et de la Guerre.

Chute d'une république : Venise, d'après les archives secrètes de la République de Venise; mission des Affaires étrangères. Rapporteur à l'Institut, M. Zeller.

Caduta d'una reppublica : Venezia, traduction italienne après Rapport à l'Académie d'histoire de Rome.

Guerre de Hollande, affaire du Texel, d'après les archives de la Guerre. Rapporteur à l'Institut, M. Levasseur, professeur au Collège de France

Carnot. — Étude sur l'Organisateur de la Victoire. d'après les archives nationales, les séances de la Convention et le Dépôt de la Guerre. Rapporteur à l'Institut, M. Fustel de Coulanges, professeur à la Sorbonne.

Les Armées de la République pendant la Révolution Française, d'après les archives nationales et la Guerre, 2ᵉ édition illustrée.

CHATEAUROUX. — TYP. ET STÉRÉOTYP. A. MAJESTÉ.

LA REINE
LOUISE DE PRUSSE

PAR

BONNAL DE GANGES

CONSERVATEUR DES ARCHIVES DU DÉPOT DE LA GUERRE
EXPULSÉ PAR ORDRE DE LA PRUSSE
SOUS LA PRÉSIDENCE DU CONSEIL DE M. JULES FERRY

« On verra la Prusse tom-
ber comme la Suède. »
Mirabeau.

PARIS

NOUVELLE LIBRAIRIE PARISIENNE

ALBERT SAVINE, ÉDITEUR
12, *rue des Pyramides*, 12

—

1891

A LA MÉMOIRE

DE MONSEIGNEUR DU PONT DES LOGES
ÉVÊQUE DE METZ

DE GUSTAVE ROTHAN (D'ALSACE)
MINISTRE PLÉNIPOTENTIAIRE

LETTRE

AU

PRINCE DE BISMARCK

Prince,

Tacite étudiant la Germanie a dit d'elle : *Le Rhin sépare les Gaules entières de la Germanie.* Depuis 1814, toute la politique prussienne, de Hardenberg à Vous, nie cette vérité géographique.

Le 28 juillet 1870, un professeur d'histoire à l'Université de Berlin annonçait qu'il n'y aurait de paix avec la France que le jour où le *vol séculaire* de l'Alsace et de la Lorraine aurait pris fin. Le 3 août suivant un de vos journaux déclarait, au mépris des traités de Westphalie, que la conquête avait arraché ces provinces à la *patrie allemande.* Or, elles s'étaient données par des actes patents, à Metz comme à Strasbourg.

Un Électeur de Brandebourg y figure personnel
lement pour l'Alsace, dès 1633 !

Maître des destinées de votre patrie, vous avez
repris *l'épée de* 1815 dont la poignée est sur le
Niémen et la pointe sur la Meuse. Vous n'avez
cessé de parler de *revanche* durant votre toute-
puissance et votre diplomatie l'a imposée à l'Allemagne entière. Or, la Prusse n'est pas l'Allemagne
et ses intérêts sont politiquement contraires aux
siens.

Les origines de votre *système de la revanche*,
on les étudie dans le présent ouvrage. On y verra
que la vraie cause de la guerre de 1806, principe
de vos appétits, fut l'envie du bien d'autrui, territorialement, et la haine contre la suprématie du
génie latin, moralement.

Votre grande victime, fausse légende, la reine
Louise fit négocier secrètement avec l'Angleterre
et avec la Russie malgré les traités qui liaient la
Prusse à Napoléon, prix des bienfaits de ce souverain à la paix de Lunéville.

Le baron Bignon, témoin redoutable comme
ministre diplomatique résidant en Allemagne, a
écrit que les conversations de la Reine devinrent, dès 1805, des *hymnes de guerre* et cau-
sèrent une guerre de passion où la légèreté des
femmes le disputa à la présomption comme

aux rêves orgueilleux de la jeunesse militaire.

Il faut que l'on connaisse enfin l'influence fatale de cette princesse successivement grandissante. Elle renia, après huit années d'un bonheur si rare sur les trônes, tout ce qu'elle avait eu de dignité jusqu'alors. Elle ne voulut employer le triple ascendant de sa beauté, de son esprit et de son influence que contre la France.

Sa conduite militaire et sa présence à l'armée furent un scandale que l'on ne peut nier, ni négliger dans ce duel. Elle surexcita les troupes *jusqu'à la fureur*. Des officiers soit des Gardes du corps, soit des Gendarmes osèrent s'engager *par serment* à assassiner Napoléon! Il est vrai que cette Reine donna, dans les malheurs où elle avait précipité son trop faible époux, un autre spectacle à une autre armée : celui de ses larmes. Après avoir fait verser des torrents de sang, elle implorait du vainqueur un pardon que beaucoup de mères prussiennes, russes et françaises lui refusaient.

Ses culpabilités n'ont pas le droit de disparaître devant son deuil.

Son fils, votre maître, eût dû s'en souvenir.

Avant d'attester les suites d'Iéna, il eût dû mieux connaître les responsabilités maternelles et les causes. Le parti des femmes de la Cour a laissé en nos mains par une lettre interceptée la phrase suivante écrite à la marquise de Lucchesini ; l'auteur est la fille du comte de Néale. *Napoléon*, disait-elle, *ne veut pas la guerre, c'est pour cela qu'il faut la lui faire.* Ce témoignage explicite, comme tant d'autres, Prince, on le tait au palais de votre chancellerie. Mais vous n'êtes pas homme à l'ignorer, car vos silences sont calculés. Que penser à cette époque encore de votre Blücher engageant par serment sa parole d'honneur au général Klein sur un armistice qu'il savait ne pas exister et en vertu duquel il l'obligeait à le laisser fuir à Lübeck, ce qui conduisit au pillage de cette cité jusqu'alors ville neutre.

Une poétique *légende* peut-elle détruire les actes ?

La Reine était si peu revenue de ses égarements en 1807 qu'elle inspirait, avec le baron de Stein, votre grand réformateur, les pamphlets rédigés à Memel. Elle coopérait avec lui aux désordres comme aux difficultés de tout genre dont votre capitale était le théâtre après la paix. La correspondance de l'occupation par le comte Daru et par le baron Bignon en fournit des preuves accablantes, Stein avait organisé la famine à Berlin.

Eh bien, Prince, l'origine de votre *Revanche de* 1870, la voilà.

L'intrépidité de Blücher, dirigé à Waterloo par le génie de Gneisenau, peut-elle modifier l'histoire?

Vos publicistes ont oublié à dessein les offres de négociations tant de fois tentées par l'Empereur en 1806 et en 1807. La paix? ne l'avait-il pas proposée notamment après Eylau?

On passe sous silence en Prusse sa parole de rétablir la monarchie de Frédéric II qu'il avait détruite dans une *campagne de sept jours* et dont la puissance (écrivait-il au roi) est nécessaire à la tranquillité de l'Europe.

La France n'avait-elle pas assuré la Silésie à Frédéric II par le traité de Breslau en 1741? Le traité de Dresde de 1745 qui confirmait cette cession n'avait-il pas été garanti spécialement par Louis XV à la paix d'Aix-la-Chapelle en 1748? Or, cette acquisition magnifique du joyau de la couronne de Bohême n'a-t-elle pas été appelée une *augmentation inouïe* dans l'histoire des conquêtes modernes? La haine de la puissance que vous appelez l'Ennemi héréditaire, en voilà les témoignages publics!

A la paix de 1801 votre patrie obtint des agrandissements dans les biens de l'Église de telle sorte que votre souverain, défenseur du trône et de l'autel, dépouillait l'autel qu'il avait prétendu défendre et dépossédait les princes au même titre, imitateur odieux de la Révolution qu'il avait condamnée et combattue.

Tout ce qu'ont soutenu vos publicistes officiels est donc faux, erroné ou tronqué à plaisir. Toujours, des exposés sans documents et des discussions puniques. Vous avez continué en cela les procédés de Hardenberg, le diplomate habile de 1815.

Par lui, la Prusse a trompé l'opinion et les cabinets au traité de Paris en 1814 et a *doublé* sa puissance en territoire comme en population. Elle a trompé encore aux traités de Vienne en 1815, où Stein et Blücher prétendaient avec jactance avoir tout sauvé. Elle a rejeté nettement la couronne impériale en 1849 quand l'Allemagne la lui offrait réellement, origine de l'affaire d'Olmütz. Elle a abandonné ses propres intérêts dans la Question d'Orient, en 1854.

Vous avez personnellement trompé le Danemarck et l'opinion en 1863 dans la guerre des duchés, vous avez trompé à Nickolsbourg en 1866 après avoir habilement mené l'Autriche dans un piège par l'oubli que fit votre Roi, *le fils de la Reine Louise*, de sa parole d'honneur! Vous avez inventé en 1870 un outrage à notre ambassadeur. Mettant à profit les perfidies secrètes de votre souverain, aujourd'hui dévoilées, vous voulûtes paraître tout inspirer alors qu'il guidait seul votre initiative. Les papiers du premier Kronprinz ont établi que ce fut lui, et non vous, qui conçut le projet d'établir à Berlin le siège de l'*Empire prussien en Allemagne*, on sait par quels procédés.

Quelle a été votre Diplomatie à l'égard de la Russie ? Vous avez fait abandonner à son cabinet la politique d'Alexandre Ier pour un *plat de lentilles*. Vous avez organisé contre lui une guerre morale, oublieux de 1871 [1]. Vous l'avez poursuivi en Orient en espérant écraser l'illustre Autriche dans la lutte que vous aviez préparée. C'est pourquoi, un diplomate russe vous accusait, dès 1887, de n'avoir dans la politique prussienne aucune des excuses de Philippe II, de Napoléon, de Louis XIV et de Charlemagne [2].

La Prusse n'est qu'une aggrégation de démembrements ! D'Albert l'Ours à vous, on l'a faite de

1. *Télégramme* du 27 février 1871, après la signature des préliminaires de paix à Versailles :

« La Prusse n'oubliera jamais qu'elle vous doit d'avoir empê-
» ché la guerre de prendre des proportions plus grandes. Que
» Dieu vous en tienne compte et vous bénisse.

« Pour toujours votre reconnaissant,
« Guillaume. »

2. C'est pour cela qu'un général en chef a prononcé aux manœuvres du 18e corps, en 1890, des paroles chaleureuses sur la nation russe et l'*armée sœur*

pièces et de morceaux ! *Donec eris felix...* Et c'est elle qui parle de ramener la France aux frontières d'Henri IV ! l'aînée des Puissances européennes.

A Mirabeau qui a si cruellement peint votre état : *La guerre est l'industrie nationale de la Prusse,* Vous avez répliqué : *La force prime le droit.* Mis en gaité par cette découverte vous ajoutiez avec une ironie doucereuse : *Beati possidentes,* rompant à tout prix l'harmonie morale et politique de l'Europe.

Vous prétendez modifier par vos axiômes le droit public avec des façons narquoises.

Il n'y a pas jusqu'aux rapports des princes que vous n'ayez tenté de réorganiser en Prusse.

N'avez-vous pas donné à l'Europe stupéfaite le spectacle d'un fils poussé par vous à se révolter contre son père ? N'avez-vous pas abusé de votre situation pour surveiller jusqu'à l'outrage la veuve de votre Empereur, oublieux de l'alliance anglo-germanique traditionnelle à Berlin ?

Et voilà la politique que vous donnez comme un modèle de bon ton aux familles souveraines ? L'indignation des peuples vous a répondu.

Vous craignez Dieu, dites-vous, et vous avez fait à l'Église une guerre acharnée. Vous ne deviez jamais aller à Canossa, mais un jour est venu où vous avez adjuré le plus grand des papes politiques, Léon XIII, d'intervenir entre l'Espagne et vous.

Votre socialisme d'Etat vous a trouvé aussi imprévoyant et M. de Manteuffel était plus éclairé que vous. En voici la preuve.

En 1873, à l'évêché de Metz, Mgr Dupont des Loges fut surpris en larmes par le gouverneur qui venait lui faire visite.

Interrogé par lui, le prélat répondit :

« Quel malheur que l'on continue à se déchirer en France ! »

Le maréchal lui répliqua par ces paroles mémorables :

« Ah ! Monseigneur, ne pleurez pas. En France,
» le mal ne touche que la *peau*. Chez nous, c'est
» l'*être organique* qui est atteint et ce mal-là est
» incurable ! »

La main de la Providence s'est étendue sur vous, Prince, et de votre vivant elle a voulu votre chute qui est sans exemple dans l'histoire, châtiment inattendu, mais mérité.

Celui qui a déchiré l'Allemagne, c'est vous ; celui qui l'a asservie, c'est vous. Mais vos vues ont été courtes. La perte du comte d'Arnim a été une iniquité de cour contre le parti de l'Impératrice Augusta. Votre omnipotence n'a souffert aucune influence à côté de la vôtre, à l'exception de l'armée.

Or, on sait par quelles arguties pitoyables vous rejetez sur elle les griefs imputés à votre politique parce que vous êtes écrasé par vos responsabilités.

Votre patrie a fait en France dix-huit invasions, nous ne l'oublions pas.

Vous avez tenté vainement, en 1875, de reprendre l'œuvre de 1814 et de 1815 ! Alexandre II, informé par l'éminent duc Decazes et par le général Leflô, vous arrêta d'un geste. Désormais, un avenir nouveau se préparait pour nous.

Un jour viendra, Prince, où la Prusse dont vous ne parlez plus parce qu'elle a absorbé l'Allemagne subira tour-à-tour les revanches et les vengeances que vos fautes ont partout enfanté.

L'Histoire dira partout que vous avez poursuivi l'*hégémonie* allemande sans la réaliser. L'Histoire établira que vous l'avez substituée sans prudence à l'*homogénéité* qui était le but à poursuivre pour la modération. Au lieu de regarder l'avenir qui était une aspiration sûre, vous avez relevé le passé qui est jugé, le Moyen-Age allemand ! et vous avez poussé ce cri de guerre : *Delenda est Gallia.*

L'Histoire, autrement intelligente que vos contemporains éblouis, vous mettra à votre place vraie, à côté du comte Haugwitz. Comme lui, vous n'avez résisté en rien aux folies et aux hymnes de guerre du parti militaire. Comme lui, vous avez sacrifié la diplomatie vraie aux audaces du parti de la Cour, composé de brouillons. Vous le sentez si bien que déjà vous tentez les excuses ! Vains efforts ! Votre œuvre bâtarde afflige l'Europe par l'extension de l'esprit de conquête. Votre *Triple-Alliance*, copie des coalitions de William Pitt, n'a pas d'autre *but* [1].

Vous léguez une autre guerre de Cent ans. Votre devise de Rome à Vienne n'est-elle pas : *ferro et igne*? oublieux de cette autre : *væ victoribus* !

Vous oubliez, en effet, l'ordre solennel de Turenne aux généraux français : *Tant qu'il y aura un soldat allemand en Alsace, il ne faut pas qu'en France un seul homme de guerre reste en repos.* Votre Triple-Alliance n'effacera pas de telles paroles de notre histoire et c'est en vain que vous avez fait du cœur de la France un pays d'Empire. La querelle reste française et prussienne,

---

1. L'Italie a été entraînée par vous dans cette coalition monstrueuse. Les conditions de sa garantie de l'Alsace-Lorraine à l'Allemagne n'ont jamais été publiées et ne le seront pas. Y a-t-il indiscrétion à le dire ? Retour de la Savoie, du comté de ice et de la Corse à l'Italie. Acquisition gratuite de l'Algérie et de la Tunisie ; plus, une station maritime dans l'Extrême-Orient. — Ces visées sont propres à tous les chefs de parti à Montecitorio et la chute de M. Crispi ne les modifiera en rien. A nos ministres **de le comprendre.**

l'Allemagne n'a pas à en connaître. L'Alsace et la Lorraine constituent la base essentielle de nos *frontières naturelles* contre les migrations germaines.

Les habitants des pays annexés n'ont cessé de s'élever contre vos doctrines de Deutsch Land. Après vingt ans de germanisation à outrance ils ont répondu à vos appels, à vos caresses et à vos menaces, en envoyant au Reichstag, sur 15 députés 15 protestataires. Que croyez-vous qu'en pense la diplomatie européenne qui note tous les coups ?

La *Vénétie française*, la voilà. Vous vous insurgez en vain contre Tacite et contre Turenne, contre Carnot et contre Kléber !

Vous les aviez demandés en 1815, ces pays. La Russie ne voulut consentir à aucun prix à ce mensonge de race et Blücher s'écria un jour : *Tous les cabinets sont contre moi.* Cette parole, quand donc l'avez-vous citée ?

Oui, l'Allemagne deviendra infidèle au joug de Berlin. Elle se fatiguera d'une domination qui n'intéresse que les Hohenzollern, princes pédants dans leurs personnes, piétistes pour leurs appétits et perfides dans leur politique. Vos maîtres trouveront leur Leipzig, Prince. Vous le leur avez préparé par l'omnipotence de vos cupidités, qui surpassent celles de Philippe II. Toutes les nations en armes par vous, où trouvez-vous dans l'histoire un fait analogue ?

Alors se vérifiera la prophétie de Mirabeau : *On verra la Prusse tomber comme la Suède.*

Gardez les drapeaux de l'Armée de Metz. L'histoire constatera que vous les avez reçus dans des étuis, sur des prolonges à bagages. Nos pères ont conquis ceux d'Iéna et d'Auerstædt au prix de leur sang !

Le conservateur expulsé
sur l'ordre de votre Ambassadeur.

BONNAL DE GANGES.

LA REINE
LOUISE DE PRUSSE

« On verra la Prusse tom-
ber comme la Suéde ».
MIRABEAU.

CHAPITRE PREMIER

LA PRUSSE OFFRE LE TRÔNE DE FRANCE
A BONAPARTE

SOMMAIRE

La victoire de Marengo, la paix de Lunéville et la réorganisation
de la France par le premier Consul font accepter son élection
au pouvoir suprême par l'Europe. — Compliments des souverains. — Le cabinet prussien presse Bonaparte en 1801 de se
faire roi de France. — Il négocie avec Louis XVIII à nouveau
en 1803, dans ce but. — Récit et preuves du comte Menneval.

La glorieuse victoire de Marengo avait assuré
en 1800 le nouveau gouvernement que s'était donné
la France révolutionnaire, la paix avec le Saint-

Empire était sortie des désastres des armées allemandes à Hohenlinden, la ligue des neutres avait obligé l'opiniâtre Angleterre grevée d'une dette de 12 milliards et plus à oublier que son commerce avait doublé depuis ses hostilités avec la révolution et à capituler à Londres même où son cabinet nous avait offert de traiter sur la base de la conservation de nos conquêtes, la paix générale s'en était suivie. Bonaparte avait été élu consul à vie, élevé à la grandeur des empereurs romains par une *dictature* où il accomplit l'œuvre la plus incomparable : *la réorganisation et la régénération de la France sauvée des excès de l'anarchie jacobine.*

Le Sénat affirma en termes excellents les réformes accomplies : *Vous fondez une ère nouvelle.*

Comment l'Europe avait-elle accueilli cette élévation au pouvoir suprême, de Londres à Rome, de Pétersbourg à Madrid, en faveur du soldat qui avait apporté la paix sur terre et sur mer par ses armées et par son génie ; la paix avec Dieu par le concordat avec le Pape ; l'amnistie aux proscrits par une sage clémence ; une législation modèle par les codes ; un système d'éducation publique parfait pour l'époque ; par la création de la Légion d'honneur le moyen de récompenser le mérite à tous les degrés sans distinction de catégories, car le principe de l'égalité restait dans toutes ses créations la base des réformes les plus hautes ?

Cette élévation n'avait surpris aucun cabinet ce qui est mieux, il n'en avait blessé aucun.

La France, cela suffirait à l'expliquer, est un trop grand facteur dans la politique générale pour qu'on ne s'inquiète pas de ce qui se passe chez elle. Or, les puissances qui l'avaient *provoquée* sans droit et qui avaient aggravé chez 'elle l'intensité de sa crise intérieure, tenaient à diminuer enfin leurs responsabilités, morales les unes, matérielles les autres. C'est pourquoi on s'était réjoui non de nos victoires, mais de leurs conséquences. La lutte des champs de bataille n'avait cessé d'être une hécatombe par séries réglées depuis huit années ; les pays qui avaient été tour à tour le théâtre de ces luttes gigantesques étaient ravagés, les populations affamées et abruties quant à l'éducation de leurs enfants, les armées alliées toujours battues ; il fallait donc en appeler au *Droit*. Or, le droit des gens, il se trouvait que c'était le vainqueur qui le représentait et on sait avec quel éclat dans son chef.

L'Angleterre, malgré ses jalousies invétérées, devait à la disparition du ministère William Pitt, ce fléau de l'Europe, d'être plus juste dans ses appréciations ; on y aspirait au repos autant qu'ailleurs. De là, l'approbation officielle par le ministère Addington de la constitution monarchique du Consulat à vie d'où devait sortir pour la France et pour l'Europe un calme nécessaire. Pieuse jusqu'au formalisme l'aristocratie britannique avait applaudi au rétablissement du culte religieux ; témoin des détresses sans nom des émigrés et de leurs déchéances, elle avait retrouvé en ce fait une assimilation à sa propre histoire un siècle auparavant. Son souverain Georges III était aussi enthousiaste à tout approuver qu'il s'était montré implacable dans ses haines premières[1].

La Russie pensait à l'unisson ce que pensait son autocrate à l'exception de l'aristocratie ; celle-ci, qui vivait de préjugés, parlait encore de la jacobinière de Paris malgré la Trebbia et Zurich où le vieux Souwarow nous avait mieux jugés. Le nouvel empereur entretenait avec Bonaparte une correspondance suivie. Il y parlait au nouveau chef de

---

1. Il est bon de rappeler qu'à ce moment l'Angleterre luttait contre la France et l'Espagne, la Russie, la Suède et la Prusse. L'Autriche et le royaume de Naples venaient de l'abandonner diplomatiquement, la famine la dévorait à son tour, elle était donc comme nous en 1793. La politique de Pitt l'avait conduite à ces extrémités.

l'État français en ami plus qu'en souverain, attestant lui-même que l'avenir était désormais garanti par une prolongation incalculable de l'autorité.

La cour de Vienne consentait à oublier la fin tragique de Marie-Antoinette et à ne plus en imputer le crime à nos armées d'où ne sortit aucune voix pour y concourir moralement. L'amour de l'ordre public à l'intérieur était si fort à Vienne dans les mœurs qu'on ne s'y rappela plus les défaites subies et les catastrophes territoriales qui s'en suivirent pour l'Autriche; on ne voulut voir dans Bonaparte que l'administrateur de génie qui donnait encore des leçons jusque dans cette partie des affaires; aussi appelait-on couramment *gouvernement anti-révolutionnaire* sa manière de dominer. Dans ce concert d'éloges, on distingue l'opinion de l'archiduc Charles devenu alors ministre de la guerre. Parlait-il de ses campagnes, il l'appelait le plus grand capitaine des temps moderne et le louait d'avoir inhumé Turenne aux invalides. S'il le jugeait comme chef de gouvernement, il le proclamait le premier des hommes d'État.

La trop célèbre reine de Naples, Caroline, mère de l'impératrice régnante et notre juste ennemie à tant de titres, couvrit de prévenances notre représentant à Vienne, le comte de Champagny.

Thiers nous a rapporté son langage, le voici dans son texte original et précieux. Il redit avec justesse ce qu'on pensait de l'homme qui débutait alors comme avait voulu finir Auguste.

« Le général Bonaparte, dit-elle, est un grand
» homme. Il m'a fait beaucoup de mal, mais le
» mal qu'il m'a fait ne m'empêche pas de recon-
» naître son génie. En comprimant le désordre
» chez vous, il nous a rendu service à tous. S'il
» est arrivé à gouverner son pays, c'est qu'il en
» est le plus digne. Je le propose tous les jours
» pour modèle aux jeunes princes de la famille
» impériale ; je les exhorte à étudier ce person-
» sonnage extraordinaire pour apprendre de lui
» comment on dirige les nations, comment, à force
» de génie et de gloire, on leur rend supportable
» le joug de l'autorité. »

Le prince de la Paix comprit, de son côté, que sa politique singulière et presque ennemie, malgré le traité de San Ildefonso, ne pouvait continuer. Il parla au nom de l'Espagne et salua un événement qu'il estimait, comme la chancellerie, heureux pour toutes, peut-être connut-il à Madrid ce qu'avait déclaré publiquement une reine dont l'esprit était connu.

A ce suffrage, celui d'une princesse de Bourbon, vint se joindre celui non moins précieux de

Pie VII. Nommé depuis peu, Chiaramonti avait vu par l'œil du cardinal Consalvi l'avenir dans une France réparatrice et l'ancien bénédictin devenu souverain Pontife avait eu hâte de s'entendre avec Bonaparte[1] pour relever chez nous les autels, y mettre un terme aux désordres des prêtres assermentés violateurs à peu près tous des règles canoniques ou liturgiques[2]. La paix religieuse rendue à la France par le Concordat devait être pour son règne une gloire unique dans les fastes de la Papauté. Aussi, Pie VII pressentait-il un nouveau Charlemagne dans ce régulateur des intérêts catholiques en hostilité avec le tribunat et d'autant plus dévoué aux intérêts de France. Le Pontife parla avec une tendresse affectueuse que son âge, son expérience et son autorité rendirent en un langage paternel[3].

Depuis 1797, à vrai dire, on s'était habitué à

1. Bonaparte n'a jamais aimé l'association brouillonne de la franc-maçonnerie. La cour papale connaissait la part odieuse qu'elle a eue dans nos discordes et savait gré au Premier consul de la mépriser sans la craindre.

2. Il existait à la fin de 1801 plus de dix mille prêtres mariés.

3. Le cardinal Consalvi avait écrit à Joseph Bonaparte, le 16 août 1801, une lettre sur la ratification du Concordat, où on lit : « Il n'y a pas d'exemple dans l'histoire de l'Eglise de tant de douceur, de modération, d'affection paternelle de la part de son chef. »

voir dans Bonaparte un homme extraordinaire, et cela partout à l'étranger. L'Autriche, qui avait appris cruellement à le connaître, n'échappa nullement à son influence fascinatrice. Durant les conférences de la paix de Campo-Formio, elle le prouva par les offres d'un de ses plénipotentiaires.

Bonaparte s'entretenait un jour avec l'un d'entre eux de la situation intérieure de la France. Son interlocuteur ne pouvait comprendre qu'il préférât le rôle de premier général dans sa patrie à tout autre ailleurs. Il oubliait que le vainqueur appelait déjà la France *la grande nation* dans ses proclamations aux troupes d'Italie et dans ses harangues enthousiastes ou vigoureuses aux peuples de la péninsule. Il lui fit des confidences étranges. Il lui demanda, du consentement secret de sa cour en quête de généraux dans toute l'Europe[1], s'il n'accepterait pas en Allemagne un État dont il serait le chef[2].

Que penser d'une telle ouverture et de ce qu'elle supposait de vues à la cour d'Autriche?

---

1. C'était une tradition autrichienne de chercher des généralissimes partout. Les ducs de Lorraine, tel duc de Bade, le prince Eugène de Savoie, Montecuculli avant lui, n'avaient-ils pas contribué à l'élévation des Habsbourg?

2. Thiers a formellement énoncé la proposition (*Hist. de la Révol. franç.* liv. XXXVIII, Campo-Formio).

La paix de Lunéville eut donc pour résultat d'assurer à la France une situation officielle dans le concert européen.

Quelle était alors l'attitude du pays de Frédéric II?

La Prusse était notre amie en Allemagne depuis sept années, amie fort intéressée, difficile à satisfaire dans ses appétits[1], toujours prête à demander, encore plus prête à prendre, fertile en expédients et prompte à la casuistique. Invoquant le principe de la sécularisation des États ecclésiastiques et le partage qui en était la suite entre les princes héréditaires, son représentant Lucchesini voulait participer aux indemnités, quoique la Prusse n'eut à peu près rien perdu sur le Rhin. Si tel était l'esprit de son ministère, celui du roi en différait peu. Il était en cela secondé par l'ambition personnelle de la reine qui désirait jouer un rôle. Son intelligence, sa grâce et sa beauté l'y préparaient; les personnages qui l'entouraient ne pouvaient que l'y encourager.

1. Gohier raconte dans ses *Mémoires* qu'un ambassadeur accrédité par le Directoire, S., (M. de Stael) nous conseilla d'acheter en 1799 la neutralité du cabinet de Berlin.

« Il indiqua, dit-il, les personnages influents sur le cabinet prussien et les seuls moyens de se les rendre favorables. »

Eh bien, le cabinet de Berlin ne se contenta pas de compliments dans cette circonstance. Il alla plus loin et fut le *seul* qui agit ainsi.

Le comte Haugwitz proposa à notre représentant d'avertir le Premier consul qu'il devait mettre un terme à l'interrègne monarchique. Il conseilla de faire de la dictature viagère *une souveraineté héréditaire* en montant lui-même sur le trône et en substituant *sa famille à celle de Louis XIV*. Très certainement, Haugwitz ne parlait pas seul. Il dut redire officiellement ce que son roi lui avait dit officieusement; pour sauvegarder les traditions diplomatiques, on n'écrivit rien, mais M. de Laforest fut prié d'informer son cabinet. Si on se rappelle l'exposé de ses plans futurs du château de Monbello, dont Miot de Mélito nous a laissé le récit fidèle à titre de témoin, on comprendra facilement la joie que ressentit Bonaparte en voyant une cour célèbre lui faire une pareille proposition. Depuis 1796 il avait constamment poursuivi ce but et l'expédition d'Egypte l'avait facilité par les fautes sans nombre du Directoire[1].

Or, loin d'avoir à se faire accepter aujourd'hui,

---

1. Desaix, le vainqueur de Marengo, a raconté au général Mathieu Dumas, qui l'a cité dans ses *Mémoires*, que Bonaparte lui avait confié la préparation d'un coup d'État organisé au moment où eut lieu l'Expédition d'Egypte.

il se trouvait qu'on *l'invitait à perpétuer à son bénéfice exclusif le pouvoir dont il était revêtu;* on y ajoutait, et c'est ce qu'il y avait de plus inattendu dans la proposition, le titre de la toute-puissance symbolique par lequel elle se manifestait, celui-là même qu'avait porté Louis XIV, le titre de *Roi.*

Bignon a confirmé le récit de Menneval par anticipation lorsqu'il raconte l'établissement de l'Empire. Il avance que l'offre fut plusieurs fois réitérée, de 1801 à 1804. En dehors de Talleyrand, nul ne fut plus apte que lui à connaître ce qui se passait alors à Berlin. Son attestation si instructive, la voici; le lecteur en observera la vigueur explicite.

« La Prusse avait bien laissé entendre, *en di-* » *verses circonstances,* qu'elle applaudissait à un » *système d'hérédité.* »

On va voir aussitôt les restrictions auxquelles on est toujours prêt dans cette cour astucieuse. Mais, ajoute-t-il, elle n'avait pas exprimé son désir par une *communication spéciale.* L'habileté traditionnelle du Hohenzollern, la voilà dans toute sa prudence, dans sa fertilité en promesses empressées et dans ses réticences calculées, formalistes, prudes. Des preuves, le moins possible. Des preuves écrites, à peu près jamais. Les événements contemporains de 1866 et de 1870, pour l'Autriche comme pour la France, l'attestent à toute heure dans les deux drames dignes, par leurs savantes perfidies, du génie d'un César Borgia et qu'a pour tant préparés, *seul*, un fils de la Reine Louise.

Dans le mois de février de l'année 1803, un événement surprenant se produisit qui, pour être resté confidentiel à cette époque, n'en eut pas moins une portée décisive sur les vues du général illustre dont la carrière éblouissante et inattendue étonnait l'Europe en la troublant. Le chef de la maison de Bourbon, car tel était le titre que prenait dans son exil l'ancien comte de Provence depuis la déclaration faite à la Convention de la mort du Dauphin son neveu (8 juin 1795), était réfugié à cette époque à Varsovie. Il y attendait, avec une patience qui commençait à se lasser, les effets des promesses nées de l'entêtement comme de la présomption de William Pitt : *rétablir les Bourbons.* Or, l'on était plus pratique à Berlin qu'à Londres, sur ce point du moins. « Le roi, au dire de Haugwitz, n'était nullement jaloux d'avoir un collègue dans ses Etats. » Et puis, avec une amitié comme celle qu'on avait acquise, dont on s'enorgueillissait à tout propos, le jeune Frédéric-Guillaume avait dû se demander si un nouveau gouvernement à Paris serait aussi facile en cadeaux que l'était Bonaparte. Que serait-ce, si on voyait revenir une dynastie qui avait des injures à venger et dont les princes n'avaient pas oublié Rosbach? On était haineux contre nous dans le cabinet prussien, mais on s'y montra plus avisé que Pitt. Ce n'est que plus tard qu'on s'inspirera des procédés grossiers et des insultes imprudentes.

Lors de la constitution de la *République italienne*, certaines puissances se plaignirent. Le baron Bignon a qualifié leur langage de bruyants murmures ; on voyait dans cet acte une atteinte portée au traité de Lunéville. L'indépendance des Cisalpins était donc défendue, ils l'avançaient du moins, par les coalisés de 1791 et de 1799. La Prusse ne partagea pas ces colères. « Il faut, dirent ses ministres, que le nord de l'Italie soit dominé ou par la France ou par l'Autriche. Pour la Prusse, le choix entre ces deux dominations ne doit pas être douteux. » Les mauvaises passions sommeillaient alors.

Après la conversation entraînante et si inattendue de d'Haugwitz en 1801, son cabinet résolut d'être pratique à l'égard de celui qui s'intitulait Louis XVIII. Voici ce qu'il osa, conduite absolument conforme à celle que lui nous avons déjà vu tenir : offrir un trône et des indemnités pécuniaires.

« On eut en Prusse[1] la *première idée* d'une pro-
» position de ce genre, parce qu'on sentait que le
» séjour prolongé du prétendant dans les Etats
» prussiens pourrait devenir un jour un sujet d'em-
» barras et que les dispositions du Premier Consul
» à l'égard de la famille des Bourbons étaient con-
» nues. Napoléon ne s'était pas opposé à la démar-
» che du roi de Prusse, mais il avait déclaré n'y
» vouloir participer en rien.

» Il est naturel de penser que Louis XVIII ait
» jugé utile à ses intérêts de mettre cette démarche
» sur le compte de son adversaire, de la signaler
» comme une reconnaissance de ses droits et de
» profiter de cette occasion pour se rappeler à l'at-
» tention de l'Europe par une *Déclaration* qui ve-
» nait si à propos et qu'on a qualifiée à tort d'hé-
» roïque. Sans être injuste envers ce prince, on
» peut dire qu'il n'était pas doué d'un caractère
» héroïque. L'héroïsme implique surtout l'idée du
» péril et Louis XVIII n'en courait aucun. C'était
» un homme fin, cauteleux, très personnel et pé-

1. Ce récit émane du comte de Menneval qui fut *secrétaire du portefeuille* de Napoléon comme premier consul et comme empereur, c'est-à-dire depuis 1800 jusqu'à l'été de 1813. Il reprit ses premières fonctions en 1815.

L'introduction de ses *Souvenirs* comprend 318 pages et forme un historique complet du Consulat et de l'Empire. Pour l'extrait ci-dessus, chap. IV, p. 132. *eod. loc.*

» nétré du sentiment instinctif de sa *légitimité*
» qui l'a toujours empêché de *désespérer*. Ses
» seules armes ont été des intrigues ourdies
» avec assez d'adresse pour qu'on n'en pût faire
» remonter la trace jusqu'à lui, et quelques dé-
» clarations à cet effet dans lesquelles il recher-
» chait en même temps une gloriole littéraire.
» Mais de ces manœuvres sourdes et de ces dé-
» clarations qu'il a lancées du fond de sa retraite,
» dans des occasions où il ne lui était pas per-
» mis de se taire, les premières n'étaient pas
» dignes de sa cause; mais les autres répon-
» daient mieux aux devoirs que sa position lui
» imposait. »

On ne peut contester aujourd'hui que le futur
Louis XVIII n'ait écrit le 7 septembre 1800 une
lettre reconnue pour très authentique où on lisait:
Fixez votre place, fixez le sort de vos amis. Son
auteur ajoutait avec une naïveté qui surprend :
*J'aurai besoin de Bonaparte... Je suis impatient
de rendre la paix à mon pays.* L'interpellé avait
répondu, mais vertement, ce qui était son droit, sur
les *choses honnêtes* dont on voulait bien lui donner l'assurance. Il avait affirmé que le retour d'un
Bourbon mettrait la France en feu, ce qui était
exact; prenant en considération les malheurs dont
ses parents avaient été accablés, Bonaparte avait

annoncé qu'il assurerait la tranquillité de la *retraite* du prince.

Est-ce sur ce dernier mot, est-ce sur les offres publiquement faites en 1800, qu'on s'est basé sous la Restauration pour rendre nulles les propositions prussiennes de 1803 et pour les confondre avec une bonne foi apparente? Le piège est grossier et dénué de preuves. Le prétendant, en effet, avait écrit de sa main la lettre du début du Consulat; celle dont on parle ici était donc la seconde envoyée par lui à l'auteur du 18 brumaire [1].

Bonaparte avait dicté la réponse sur la première à Bourrienne d'après l'autographe qu'il avait reçu; on l'aurait encore aujourd'hui si elle n'avait été brûlée avec d'autres papiers importants à Orcha pendant la retraite de Moscou [2]. Quant à celles que nous discutons, il n'y a pas à douter que les offres prussiennes n'aient été retournées contre Napoléon détrôné, car on peut citer des altérations de pièces politiques révisées dans un intérêt facile à com-

---

1. Capefigue a mêlé les deux questions: « De la Prusse même, dit-il, partirent les insinuations faites à Louis XVIII par Bonaparte aux fins d'une abdication. » Notice sur Hardenberg, dans les *Diplomates européens*, t. I, p. 307.

2. V. Menneval, t. I, introd. chap. IV, p. 133 en note avec le texte des lettres. L'honorabilité de cet écrivain ne permet pas de négations.

prendre au cabinet du souverain restauré. Ce n'est pas du cabinet de Berlin qu'on devait attendre une protestation, une rectification ou un éclaircissement en 1814 et en 1815. Il avait alors d'autres visées, des séries de conquêtes à pacifier, à absorber et à digérer. Rien ne dit qu'il ne se soit pas fait payer son silence ; il a toujours aimé cet adage : *do ut des*.

Parmi les détournements de papiers qui eurent lieu en 1814 il faut rappeler ceux des archives du Louvre. On cite notamment ce qui regarde l'affaire du duc d'Enghien et celles d'Espagne ordonnées par le prince de Talleyrand dans son intérêt personnel, le lendemain de l'arrivée de l'empereur Alexandre dans son hôtel [1]. Ces faits incontestés comme ceux que l'on pourrait affirmer sur le Dépôt de la Guerre parlent plus haut que des dénégations intéressées.

Les *relations amicales* qui existaient entre Frédéric-Guillaume III et Bonaparte en 1803 expliquent la *démarche* de ce souverain auprès de Louis XVIII [2], et sa politique générale la confirme de tous points. Le récit du comte de Menneval est

1. Menneval, t. II, chap. XXVIII, p. 445.
2. Le même, t. I, chap. IV de l'introd., p. 132.

des plus véridiques et trouve dans l'offre du comte d'Haugwitz en 1801 dont il ne parle pas une force nouvelle. Le secrétaire de Bonaparte est aussi sincère que le sont d'Haugwitz et le narrateur de ce fait, le comte de Champagny [1].

1. Il est parfaitement admissible que Louis XVIII ait tergiversé en 1803, car voici une lettre qui est le contraire d'une *renonciation*, adressée à Bonaparte.

« J'ignore quels sont les desseins de Dieu sur ma race et sur
» moi, mais je connais les obligations qu'il m'a imposées par
» le rang où il lui a plu de me faire naître. Chrétien, je rem-
» plirai ces obligations jusqu'à mon dernier soupir; fils de
» saint Louis, je saurai à son exemple, me respecter jusque dan
» les fers ; successeur de François Ier, je veux du moins pouvoir
» dire comme lui : Tout est perdu, fors l'honneu   »

Cité par le Vicomte O. de Poli dans sa curi   *Vie de Louis XVIII*, publiée en 1880

CHAPITRE II

FOX, CALONNE ET BONAPARTE

SOMMAIRE

Pitt et le retour des Bourbons. — Négociations de Londres entre M. Otto et lord Hawkesbury. — Fox à Paris et le Premier Consul. — Calonne s'élève contre le retour des Bourbons. — Négociations de lord Cornwallis.

La France avait offert le Hanovre à la Prusse dans un double but : punir l'Angleterre des secours financiers par lesquels elle ne cessait d'alimenter la coalition depuis 1793 et s'attacher le cabinet de Berlin. A la fois troublé et séduit, celui-ci avait accepté et, employant un de ces euphémismes qui lui sont chers, il avait consenti à *occuper* le Hanovre. Il avait appliqué les principes maritimes de la ligue des neutres aux embouchures de ses ports dans la Baltique et fait cause commune avec le cabinet des Tuileries contre celui de Saint-James.

Avertie par l'immensité du péril que courait son

commerce et par l'opinion qui commençait à s'effrayer de la persistance d'une lutte où elle se trouvait *seule* contre tous, cette puissance désirait enfin la paix. La politique étroite, désordonnée et perfide de William Pitt [1], l'habileté du premier consul, l'obligeaient à céder. Au printemps de 1801, elle le pouvait sans porter trop atteinte à son prestige. Si nous l'emportions en Egypte tout devenait plus difficile pour Georges III ; or, le nouveau ministère qui succédait à celui de Pitt avait pour seule raison d'existence la paix. Celui-ci avait refusé d'y souscrire avant Marengo, avant Hohenlinden ; éclairé par nos continuelles victoires, le roi reprochait à Pitt de l'avoir trompé ; il trouvait qu'une lutte aussi sanglante allait contre son but, puisqu'au lieu de diminuer la France on ne lui fournissait qu'une suite d'occasions pour s'élever

1. Nul ne l'a mieux jugé, lui et son système, que le baron Bignon, diplomate sûr et son contemporain.

Le général Pillet a pu écrire en 1815 dans son ouvrage *L'Angleterre vue à Londres*, les témoignages suivants :

« Il n'est pas un individu qui ne vous répète à Londres avec une sorte d'orgueil que ce sont les Anglais qui ont commandé la mort de Paul Ier pour avoir osé faire la paix avec la France. Après la paix de Tilsitt, les commerçants de Londres eurent l'impudence d'ouvrir des paris dans le café de Lloyd que l'empereur Alexandre ne vivrait pas six mois. Ce fait est de notoriété publique. Après le traité d'Erfurth, les mêmes paris se renouvellèrent, mais moins violemment. » (p. 424, note.)

moralement et s'agrandir territorialement[1]. Le roi
déplorait la disette née de la guerre ; le beau combat d'Algésiras portait à croire au relèvement
de notre marine militaire ; on se rendait enfin
compte au parlement et à la cour de l'esprit pure-
ment spéculateur des négociants qui avaient sous-
crit les emprunts de Pitt où ils avaient trouvé le
monopole du commerce et des opérations financière immenses alors qu'ils invoquaient avec lui
l'indépendance du continent, langage mensonger !

Les armements d'une flottille considérable à
Boulogne et les déclarations officielles envoyées
au *Moniteur*, articles qui s'adressaient à l'opinion
de tous les peuples [1], achevèrent d'abattre Pitt.
Rédigés par Bonaparte lui-même, ces articles pro-
clamaient sages les nouveaux ministres et acca-
blaient de sarcasmes les chefs du parti de la
guerre[2].

La France, y était-il dit, atteint à peine en équi-
valences les suites du partage de la Pologne à

1. Les prévisions de Pitt sur les embarras de notre trésor
public en 1800 ne se justifièrent pas.

2. Le gouvernement anglais s'étant plaint des articles du
Moniteur, Bonaparte fit répondre que ce journal « n'était pas un
papier officiel », car son officialité se bornait à l'insertion des
actes du gouvernement. Il estimait le *Moniteur* comme « une
pièce de position » propre à relever l'esprit public et à diriger
l'opinion. — (*Mémoires* de S. Girardin, t. I, Angleterre, p. 295.)

l'égard de la Russie, de la Prusse et de l'Autriche; elle a rendu quatre fois plus de territoire qu'elle n'en a retenu ; en conservant l'empire des Indes l'Angleterre devra restituer les îles des Espagnols et des Portugais; la France bornera ses acquisitions à ce qui l'entoure et dont ses troupes occupent les territoires relativement à ses frontières naturelles.

A repousser une paix si nécessaire, on verrait tous les citoyens valides prêts à faire un dernier effort pour vider, par une descente à main armée sur les côtes d'Angleterre, la querelle des deux peuples. Le résultat de la politique de Pitt serait-il fatalement nécessaire ?

Si elle était victorieuse sur mer, tous ses alliés continentaux étaient battus. Nos colonies les plus importantes étaient en son pouvoir. A l'intérieur, la démagogie était comprimée, vaincue et punie, ce qui plaisait personnellement au roi Georges III. Or, ce prince avait notre Révolution en horreur et comme il savait notre influence communicative chez les autres peuples il applaudissait à l'initiative autoritaire du général Bonaparte. La France étant calmée, ce prince regardait l'ordre social qui le préoccupait beaucoup comme sauvé. Son peuple n'entendait plus qu'on s'égorgeât pour une cause qui lui était étrangère : la *restauration des Bourbons*, et il abandonnait aux obstinations condamnées de William Pitt ce but irréalisable [1].

La guerre avait été pour ce premier ministre à la fois une guerre de principes et une guerre d'ambition nationale. Mais le peuple anglais était trop pratique pour ne pas voir que le second but avait servi de prétexte au premier. Le jour où il l'eut compris, la prépondérance du *premier* fut perdue. De son côté, le roi se voyant rassuré par l'écrasement du parti révolutionnaire abandonna la question de principes, c'est-à-dire les Bourbons.

Le successeur de Pitt avait donc un programme tracé et net, la *paix*. M. Addington la voulait sincèrement le jour où il accepta le fardeau des affaires. Son ministre des affaires étrangères, Lord Hawkesbury, l'affirma à M. Otto notre représentant restreint à Londres ; ce ministre, en effet, y était depuis six mois pour négocier un armistice naval; là se bornaient ses pouvoirs. On s'ouvrit à lui et il reçut des pouvoirs dans ce but, avec mission de traiter rapidement, de se taire avec quiconque, d'agir oralement, d'écrire peu et de n'envoyer de notes à Paris que pour les questions les plus graves. Donc, Otto avait les titres les plus

---

1. Charrette mourant lui jeta cette apostrophe méritée : *Voilà donc où m'ont conduit ces gueux d'Anglais.*

étendus, ce qui est rare ; il était presque tout-
puissant et se montra digne de la confiance de
Bonaparte.

L'Angleterre ayant pris les Indes, disait le Premier consul, la France ayant pris l'Egypte, conve-
nons respectivement de garder ces conquêtes. On
rendra le Hanovre en échange des Antilles et le
Portugal où nous arrivons, la paix est donc facile.
Le continent la veut, il faut la lui donner ; les
peuples aspirent au repos, ils l'ont gagné.

On négocia pendant cinq mois. Lord Hawkesbury proposa *l'uti possidetis*. Bonaparte refusa
avec raison en observant que l'Allemagne du Sud
était en notre pouvoir et qu'il ne fallait pas songer
à arrêter la France au delà du Rhin. La question
des colonies hollandaises et espagnoles nous tenait
à cœur ; c'était pour Bonaparte une question d'honneur d'obtenir pour nos alliés une restitution ;
par dessus tout, il nous fallait l'Egypte dont la conservation nous indemnisait des pertes de la paix
de 1763. Sur le continent toutes les puissances
s'étaient augmentées territorialement depuis le
dix-huitième siècle et la France avait de bien
modestes équivalents dans les rives du Rhin et les
versants des Alpes. En outre, ces équivalents n'é-
taient qu'un retour à ses *frontières naturelles*
violées par les *migrations germaniques*.

La paix maritime n'étant pas faite[1], il fut convenu qu'on laisserait l'Egypte au sort des batailles. L'amiral Ganteaume n'ayant pas pris un parti décisif à sa sortie de Brest, notre expédition fut abandonnée à elle-même. L'incapacité du général Menou entraîna son abandon ; sur les 25 mille hommes de 1798, il en rentra sept mille, la Porte hérita de nos œuvres pour les compromettre. Il a fallu le génie de Méhemet-Ali pour la rendre à la civilisation[2].

Les négociations furent difficiles ; au milieu de septembre Bonaparte exprima le désir que dans quinze jours nous eussions réglé ces vastes intérêts, il y parvint. Thiers a écrit que cette paix était « la plus belle, la plus glorieuse que la France ait jamais conclu ». Ce n'est pas un avis général, l'Egypte était française à trop de titres pour souscrire aussi rapidement à sa perte. Vingt mille

---

1. La question de la *neutralité maritime* vidée aujourd'hui ne l'était pas alors. On se demandait si le cabinet britannique renoncerait à cette théorie : Le domaine de la mer appartient au plus fort pendant la guerre, même en ce qui concerne les puissances qui ne sont point en guerre.

2. Nous faisons toutes réserves sur le rôle actuel de d'Angleterre dont l'Allemagne menace la spécieuse occupation par elle de Karthoum sur le Haut-Nil. Voudrait-on à Berlin régner sur la terre des Pharaons, autrement importante que le sultanat de Zanzibar ou que l'Ethiopie italienne ?

soldats et Kléber, ce sang voulait une autre conclusion sur ce point.

Signée le 1er, connue à Paris le 3 octobre, elle
fut accueillie avec allégresse, la capitale fut illu-
minée aussitôt. A Londres, ce fut du délire; le
peuple se distingua par un enthousiasme violent,
les voitures publiques partant pour les provinces
portèrent écrits ces mots : *Paix avec la France.*
On rêvait alors de tels résultats que ces voitures
furent arrêtées partout en Angleterre, on les dételá
pour les promener en triomphe, on criait *Vive
Bonaparte* avec transport.

N'a-t-on pas le droit de dire, en rappelant ces
choses, que les souverains trompent parfois leurs
sujets pour un amour-propre fatal, pour des vanités, pour des entêtements et pour une ambition
personnelle désordonnée ?

Lord Cornwallis, militaire chargé d'honneurs et
de services, Joseph Bonaparte chez nous, furent
les plénipotentiaires désignés pour arrêter à
Amiens les stipulations finales du traité définitif.

A toujours combattre, à nouer des coalitions
toujours vaincues, l'Angleterre allait subir un ar-
rêt dans sa prépondérance. Par l'article 11 d'une
convention secrète conclue entre l'empereur de
Russie et le Premier Consul son empire maritime
devait prendre fin. Il y était dit textuellement :

« Aussitôt après la signature du traité et des
» présents articles secrets, les deux parties con-
» tractantes s'occuperont des moyens de consoli-
» der la paix générale sur les bases sus-mention-
» nées et de rétablir un juste équilibre dans les dif-
» férentes parties du monde et d'assurer la liberté
» des mers, se promettant d'agir de concert dans
» toutes es mesures de conciliation ou de vigueur
» convenues entre elles pour le bien de l'huma-
» nité, le repos général et l'indépendance des gou-
» vernements. »

L'origine des doctrines de Tilsitt, la pensée du
Blocus Continental si vigoureusement défendue
par le secrétaire de Napoléon, la voilà. Une trahison commise à Paris plus probablement qu'à Pétersbourg l'apprit à Londres, Bonaparte s'en souviendra en 1805.

Dès la signature des préliminaires, Fox se rendit à Paris afin de voir l'homme de génie qui lui
inspirait un penchant irrésistible. Il devait profiter de son séjour pour compulser nos archives
sur les Stuarts dont il écrivait l'histoire ; on les lui
ouvrit sans restriction. Personnellement, Bonaparte le reçut avec familiarité, le 2 septembre à
Saint-Cloud où il l'invita à dîner le jour même ; par
des conversations intimes, répétées, il chercha à
le séduire comme s'il eût représenté à lui seul le

peuple anglais. Homme d'imagination comme tous les grands orateurs, il avait des illusions que les crimes de notre Révolution avaient enlevé au Premier Consul. Celui-ci ne voyait rien au-dessus de la grandeur militaire ; il ne pouvait donc être d'accord avec le célèbre chef des wighs sur la politique intérieure et il était trop soldat pour ne pas effrayer l'ambition maritime de l'Angleterre. S'ils se charmèrent par le cœur comme par l'esprit, ils s'effrayèrent par leurs oppositions, car Bonaparte parla beaucoup de l'avenir. Les remaniements auxquels il venait de se livrer sans mesure en Allemagne autorisent à penser qu'il laissa entrevoir ce qu'il exécuta plus tard, là, en Italie, en Suisse et un peu en Espagne où il ne voulait alors que châtier l'insolent Godoy.

La publication de la correspondance de sir Robert Adair relative à sa mission près la cour de Vienne détruit l'opinion reçue sur la prétendue intimité de Fox et de Napoléon et sur l'excès d'influence qu'aurait acquis l'empereur à l'égard du célèbre chef du parti wigh. Sir Adair a réfuté avec autorité cette appréciation et la veuve de Fox y a aidé avec soin[1].

---

1. Ce fut en apprenant une des usurpations du Premier Consul exercée à l'occasion de l'occupation de Malte que Fox s'écria à Paris même : « Où tout cela finira-t-il ? Dans les sables

Fox et son interlocuteur visitèrent Paris et spécialement l'exposition industrielle de nos produits qui venait de s'ouvrir. Nos manufactures s'étaient relevées à l'abri des paix de 1795 et de 1797 et offrirent au grand anglais des perfectionnements ou des procédés nouveaux auxquels il applaudit. Comme l'exposition avait lieu dans une des salles du Louvre on y avait placé un globe terrestre construit par le géographe Poitou et destiné à Bonaparte. Un des personnages de sa suite eut le mauvais goût d'avancer que l'Angleterre occupe une fort petite place sur la carte du monde. *Oui,* répliqua Fox, *mais pendant leur vie les Anglais remplissent ce globe entier et l'embrassent de leur puissance.* En prononçant cette magnifique apostrophe, il étendait les deux Océans et les deux Indes sur le globe. Bonaparte applaudit et il fut aussi courtois qu'habile en agissant ainsi. On se revit le 22 septembre, et le 10 octobre Mme Fox était présentée à Joséphine. Peu après, les deux époux retournaient en Angleterre.

Au moment où le populaire orateur charmait Paris et la Malmaison, un des chefs redoutés de la première émigration, le comte de Calonne, ve-

de la Russie ». V. *Revue des Deux-Mondes*, 1er janvier 1847, l'article du comte de Vielcastel sur la correspondance de sir Adair.

nait d'obtenir sa rentrée dans la mère-patrie. Son retour n'eût intéressé que les royalistes si ses conversations politiques n'avaient surpris ces derniers en les alarmant et ne les eût absolument scandalisés. Les intrigants d'alors n'ignoraient pas que l'ancien ministre de Louis XVI avait vu les membres du cabinet anglais avant son départ. On lui supposait donc des engagements secrets Or, il se trouvait que l'ancien confident du comte d'Artois appuyait la candidature du Premier Consul au pouvoir suprême.

Nul, disait-il, n'en est plus digne que lui ; personne n'est à son niveau d'intelligence, ni ministres, ni souverains. A la guerre, il n'a pas plus de rival que d'égal sur les champs de bataille ; il n'y paraît que pour tout éblouir ; en Angleterre, on passait de la haine à l'enthousiasme ; il n'y avait pas davantage à compter sur l'Europe pour le renverser ; à le poursuivre, on déshonorait la cause royaliste, l'assassinat reste toujours un assassinat ; il n'y avait qu'à se soumettre, et tout attendre du temps ; on pouvait gouverner notre patrie avec une forme autre que la royauté ; on pouvait même en *fonder une, sans la famille de Bourbon.*

Ce dernier trait était le coup de grâce.

Les vicissitudes seules créent des situations nouvelles orsque ces vicissitudes sont infinies, mais qui eût pu les prévoir en 1802 ? Donc, la France seule avait le droit de prononcer, formule révolutionnaire cependant ; de l'étranger, rien à espérer ; des conspirations, pas davantage.

Ce langage fut appelé trahison et on s'empressa d'écrire à Londres ce qui suit, consolation stérile aux princes exilés si souvent coupables contre la France comme ils l'avaient été contre leur frère :

« M. de Calonne voit tous ses anciens amis et
» s'ouvre à eux avec une entière liberté. Témoin
» de la faiblesse et de la nullité des puissances
» étrangères, il ne croit pas qu'on puisse trouver
» en elle la moindre garantie contre l'invasion
» révolutionnaire et bien moins encore une pro-
» tection efficace pour la cause du roi. Il répète
» ce que nous savions déjà depuis longtemps que
» les hommes qui gouvernent en Europe sont des
» hommes sans moyens et sans caractères qui
» ne connaissent point le temps où ils vivent, qui
» ne savent ni juger le présent, ni pressentir l'a-
» venir et qui sont également dépourvus du cou-
» rage qui fait entreprendre et de la fermeté qui
» sait persévérer. Il les regarde tous comme livrés
» à Bonaparte, tremblants devant lui et prêts à
» exécuter humblement toutes ses volontés. Aussi,
» est-il persuadé que ce n'est qu'en France qu'on

» peut travailler à la restauration de la monarchie,
» non en se mettant en avant et en fomentant de
» sots et ridicules complots plus propres à désho-
» norer sa cause qu'à lui préparer de véritables
» succès, mais en s'occupant sans bruit et sans éclat
» du soin de rétablir l'opinion, de détruire la pré-
» vention, d'affaiblir les craintes, de réunir tous
» les serviteurs du roi et de les tenir prêts à profi-
» ter en sa faveur de tous les événements que le
» cours naturel des choses doit amener. »

Ce rapport verbeux, plein d'illusions, où l'emphase le dispute à la flatterie, où le ton hautain et cassant dénote un incapable, émanait des agents royalistes. Ces malheureux parlaient de rétablir l'opinion ! et ils n'avaient pas d'yeux pour voir leur propre situation !

Pendant que tout appelait le Premier Consul à un trône qu'on devait lui disputer par le poignard, que se passait-il dans les conférences d'Amiens entre Joseph Bonaparte et lord Cornwallis ?

CHAPITRE III

L'ANGLETERRE OFFRE LE TRONE DE FRANCE.
A BONAPARTE

SOMMAIRE

Portrait de lord Cornwallis par Menneval. — Déclarations du plénipotentiaire anglais sur l'équilibre. — Encouragements de l'Angleterre à une monarchie avec Bonaparte. — Rupture de la paix.

La Prusse ne fut pas la seule puissance qui offrit le trône à Bonaparte, l'Angleterre suivit son exemple durant les négociations d'Amiens. L'auteur de la proposition fut lord Cornwallis, qui partageait l'opinion générale de son pays contre les théories contradictoires de Villiam Pitt [1].

---

1. Pitt se distingua en 1800 par le patronage qu'il accorda à une publication anglaise intitulée : *Congress at Rastadt*. C'était approuver hautement l'assassinat commis en 1798 par ordre du cabinet autrichien. Ce ministre s'en souciait fort peu. Chaque dépêche du comte de Metternich est reproduite dans cet ouvrage (communiquée par son auteur) et immédiatement traduite en langue anglaise. L'absence de commentaire n'est

La thèse de ce mauvais observateur des idées de la France avait été, en 1799, de rappeler les Bourbons et de rendre la Belgique à l'Autriche; ces deux propositions étaient injustes. Pitt était vaincu en Vendée depuis 1793, on sait avec quel éclat, et pour sa marine avec quelle infamie! Depuis la conclusion du traité de Bâle, l'Europe avait reconnu la République. L'Angleterre et son cabinet l'avaient reconnue à leur tour en 1796 lorsqu'ils avaient accordé de pleins pouvoirs à lord Malmesbury pour traiter avec le Directoire. Ce plénipotentiaire avait successivement paru à Paris et à Lille; il y avait négocié avec trois ministres: Lacroix, Letourneur, Maret. Enfin, la guerre n'avait nullement eu pour but la restauration des Bourbons. Il était temps de mettre fin à ces équivoques, pensait-on. Le ministère Addington [1] avait eu la main heureuse en choisissant pour interprète de sa mission de paix un soldat distingué,

qu'une habileté de plus; il n'y a pas même d'avertissement d'éditeur. Si J. Wright a agi de la sorte, c'est qu'il en avait reçu l'ordre; mais il a eu le soin de dire « containing the whole of the State papers » sur le titre et d'ajouter: « from the original papers ». Le caractère officiel, le voilà dépouillé d'artifice. (In-8°, 1 vol., for J. Wright, Piccadilly.)

1. Joseph Bonaparte lui rendait justice dès le 17 mars, dans une dépêche à cette date. Il y parle de l'indignation qu'éprouvait le plénipotentiaire *sur le rôle qu'on lui fait jouer* et dont les torys du cabinet étaient les vrais coupables.

membre de la première artistocratie du pays qu'il représentait et d'une droiture à toute épreuve ; les circonstances devaient l'établir [1].

Un témoin va nous apprendre l'impression qu'il produisit avec ses manières ouvertes et sa bonhomie.

« Il a pleinement justifié à Amiens la réputa-
» tion de loyauté dont il jouissait. Il avait pour
» principal secrétaire de sa légation un M. Merry,
» qui paraissait avoir été placé par le bureau de
» Downing-Street auprès de lui pour atténuer les
» effets de sa franchise toute militaire. C'était un
» homme difficile, anglais exclusif, dont les allures
» tracassières contrastaient avec la marche fran-
» che et conciliante du plénipotentiaire anglais.
» Malgré les chicanes de mots, les vieilles routines
» de la diplomatie anglaise, la longueur et l'obs-
» curité des notes, la multiplicité des incidents,
» les deux ministres s'entendaient fort bien. Ce
» n'était pas toujours la faute de M. Merry auquel
» Lord Cornwallis fut quelquefois obligé de dé-
» clarer sa volonté... Lord Cornwallis avait déclaré
» à Joseph Bonaparte que, quelque incident qui

1. Napoléon a dit de lui : « Il est le premier qui m'ait donné une bonne opinion des Anglais. » Or, ce général venait de pacifier l'Irlande où il avait fait prisonnier un des nôtres, Humbert, qui tenta vainement de reprendre le plan de Hoche.

» survint à ce sujet, il n'empêcherait pas la signa-
» ture de la paix ; mais au moment de signer il
» recevait de son gouvernement l'ordre d'insister
» sur un solde en faveur de l'Angleterre. Le minis-
» tre jugeant sa parole engagée déclara qu'il ne
» pouvait pas revenir sur ce qu'il avait consenti [1] ».

» ... C'est pendant les négociations d'Amiens
» que, dans une des conférences, une proposition
» de reconnaître le premier consul *roi de France*
» fut jetée en avant par le ministre anglais. Ce
» n'était plus le langage que tenait Lord Granville
» en 1800.

» ... Napoléon ne prêta pas l'oreille à cette in-
» sinuation : il ne voulait pas régner par la grâce
» de l'étranger, de nouveaux rapports s'étant éta-
» blis, et il n'avait nullement besoin de son aveu.
» Lorsque, deux ans après, le trône fut relevé en
» France, il fut fait Empereur et non pas roi ; il
» ne pouvait pas continuer les Bourbons. Une ère
» nouvelle s'élevait ; la face de l'Europe était chan-
» gée. Ce n'était pas la monarchie royale que
» Napoléon entendait restaurer ; c'était une mo-
» narchie constitutionnelle qu'il voulait fonder. »

Les négociations de cette paix ne nous intéressent que par deux côtés : l'équilibre général et la
proposition de royauté faite à Bonaparte.

1. *Souvenirs du comte de Menneval*, Introd. ch. IV, p. 97 et suiv.

On les connaît dans leur exposé général, le texte des négociations va nous l'apprendre avec précision sur les exposés personnels au mandataire anglais. Leur esprit de justice est supérieur et nul historien français ne pourrait mieux parler que le fragment de protocole du 21 février.

« Le système politique de l'Europe est fondé,
» d'après Lord Cornwallis, sur l'existence et la
» reconnaissance de toutes les puissances qui par-
» tagent son vaste et beau territoire. Si Sa Majesté
» britannique refuse de reconnaître trois puis-
» sances qui tiennent une place aussi distinguée,
» elle renonce donc à prendre aucun intérêt aux
» peuples qui composent ces trois Etats. Cependant,
» comment admettre l'hypothèse que le commerce
» anglais soit indifférent au commerce de Gênes,
» de Livourne, des bouches du Pô, de la Républi-
» que Italienne ?... Et si ces trois puissances, frap-
» pées de voir qu'elles ne sont pas reconnues par
» les grandes puissances, *font des changements*
» *dans leur organisation et cherchent un refuge*
» *dans leur incorporation à une grande puis-*
» *sance continentale,* Sa Majesté Britannique se
» refuse donc aussi le droit de s'en plaindre et
» cependant elle ne le verrait pas avec indiffé-
» rence. On se plaint quelquefois de l'extension
» continentale de la République française, et *com-*

» *ment ne s'augmenterait-elle pas nécessaire-*
» *ment,* lorsque les grandes puissances mettent les
» petites puissances italiennes dans la nécessité
» de chercher *refuge et protection* dans la France
» seule. »

Ce langage explique la proposition du noble ambassadeur à Joseph Bonaparte en faveur de la déclaration de royauté de son frère.

Celui-ci l'a déciaré à nouveau dans la captivité de Sainte-Hélène: *Le cabinet de Londres m'offrit d'être Roi, lors du traité d'Amiens.* Ces propositions furent orales.

Le diplomate qui a été le bras droit de Talleyrand au ministère des affaires étrangères, le comte d'Hauterive, reçut de son chef sur ce point toutes confidences. Il en a laissé le témoignage dans ses papiers ; son biographe l'a recueilli et le constate avec une divulgation que Napoléon n'a pas fournie ; c'est pourquoi il est nécessaire de la redire afin de la sauver de l'oubli :

« Fox ne s'arrêtait pas à ces trois mots : *nos*
» *deux rois.* L'Angleterre, on le savait, avait *pro-*
» *posé* de reconnaître Bonaparte comme roi, mais
» à des conditions dures et avilissantes, qu'il n'ac-
» cepta pas [1]. »

1. *Histoire de la vie du comte d'Hauterive* par M. le chev. Artaud de Montor (1839), chap. X, p. 204.

Ces conditions, nul historien ne les a connues et il est probable que les chancelleries les ont toujours ignorées.

La paix d'Amiens porta un coup sensible aux Bourbons sur leurs intentions. On était fatigué de leurs plaintes, des agissements de leurs amis et de payer tant de subsides. L'utilité des uns et des autres cessant avec la guerre, c'était à qui se dé_barrasserait d'eux. Le malheur passe rarement pour une force !

La Russie prit la cour de Naples sous sa protection ; mais le comte de Gallo ayant parlé avec hauteur fut renvoyé de Paris pour son inconvenant langage et sa cour subit nos conditions. L'Espagne ayant paru tout entasser par les intrigues de Godoy, celui-ci avait dû s'exécuter et envoyer son représentant. En traitant directement avec la Russie, on spécifia que les sujets émigrés de l'un et l'autre pays n'auraient pas le droit d'entretenir des menées dans leur patrie respective. Ce but défini fut l'objet d'un traité patent. On comprend facilement la valeur de ce principe pour un homme comme Bonaparte. C'était le placer parmi les têtes couronnées de fait.

Le retour de l'armée d'Egypte acclamant dans une ivresse incomparable le chef qu'elle n'avait pas revu après tant d'épreuves et de temps ; celui-ci familier comme il l'était en Italie, honorant les

vieux soldats dans une revue qui est encore célèbre ; serrant la main à tous ses officiers ; la
garde consulaire redisant Marengo par sa seule
présence ; tels étaient les gages d'un retour à la
monarchie pour la France et d'un retour par le
héros de tant de grandes choses que son génie
seul avait pu accomplir.

Ce fut alors que Chabot, de l'Allier, président du
Tribunat, demanda le *Consulat à vie* qui pouvait
conduire à la monarchie définitivement, mais
après une étape prudente. Il faut observer, en
effet, que la France était plus difficile et plus longue à convaincre que la diplomatie, que les cours
et même que les souverains régnant[1]. L'expérience
le montra.

La remise du texte du traité d'Amiens fut choisie pour devenir l'occasion de cette reconstitution
à titre de marque de la reconnaissance publique.
Un *Parallèle entre César, Cromwell et le général Bonaparte* publié trop tôt avait tout entravé.
Aujourd'hui, on pouvait lui décerner des honneurs et pour ses actions éclatantes, et pour avoir
sauvé le pays.

1. Dès Léoben il avait dit : « La paix n'est pas dans mon intérêt... Un parti lève la tête en faveur des Bourbons ; je ne
veux pas contribuer à son triomphe. » Mais il s'était montré
aussi déterminé contre le despotisme directorial, se fût-il con-
densé en un seul.

« Quel homme, disait Chabot, soit à la tête des
» armées, soit à la tête du gouvernement, honora
» davantage sa patrie et lui rendit des services
» plus signalés ? Sa valeur et son génie ont sauvé
» le peuple français, le peuple est trop grand,
» trop magnanime, pour laisser tant de bienfaits
» sans une grande récompense. »

Convoquée dans ses comices plébiscitaires, la
France choisit celui que tant de hauts faits et de
merveilles désignaient à son admiration. Il donna,
à la demande du Sénat, une constitution à la France
basée sur une liberté prudente et une égalité absolue [1].

Tant de gloire indisposa l'Angleterre qui souffre
partout une prépondérance continentale pourvu
que le siège n'en soit pas fixé à Paris. Les efforts
du Premier Consul pour rétablir la grandeur colo-
niale, la mission du général Decaen dans l'Inde,
nos efforts pour recouvrir Saint-Domingue, la
mission du colonel Sébastiani en Orient, le rétablissement de la marine, voilà les causes vraies de
la fin d'une paix que le parti de la guerre à Londres parvint à rompre. Les commerçants monopo-
liseurs en étaient l'âme ; la paix leur interdisait

1. Le *Moniteur* publia les appels à la création de l'Empire le
1er mai 1804. Il y joignit un pamphlet sous forme de traité
fantaisiste passé entre les chefs de partis à Londres.

des trafics scandaleux, ils précipitèrent l'Europe dans le sang pour les continuer. Pitt se remit à leur tête, Malte ne fut qu'un prétexte, notre grandeur surtout blessa l'orgueil anglais, des libelles et la passion des émigrés portèrent tout au pire. Le *traité*, avions-nous dit, *rien que le traité d'Amiens* et on nous avait répondu : *L'état du continent à l'époque du traité d'Amiens*. Haugwitz reprochait avec justesse à Addington de n'avoir élevé aucune objection contre la paix : *Il s'aperçoit aujourd'hui que la France est grande, qu'elle tire les conséquences de sa grandeur et il veut déchirer le traité qu'il a signé*. La responsabilité de la rupture, la Prusse l'a donnée. Passons.

Indigné de la mauvaise foi qui avait rendu au parti de la guerre la prépondérance, le Premier Consul ordonna l'arrestation de tous les Anglais présents en France au moment où il entrait officiellement en lutte avec William Pitt et s'empara du Hanovre en huit jours. Ce fut alors qu'il prépara une expédition destinée à opérer une descente chez un peuple dont les chefs politiques coopéraient par leurs agents à des complots criminels. Quatre ministres plénipotentiaires en étaient, sur le continent, les chefs et les organisateurs : Francis Drake à Munich, Spencer Smith à Stuttgardt, Wickham à Berne, Taylor à Cassel. Le faux terroriste Méhée de Latouche, dont notre gouvernement saisit la correspondance amena, cette constatation. Le corps diplomatique résidant à Paris reçut communication des pièces. Georges III eut la honte de voir les représentants de sa personne chassés par les Cours où il les avait accrédités; déshonorés dans leur propre patrie, ces hommes disparurent de la vie publique.

On eut en Europe le droit de soupçonner jusqu'à la sincérité des ambassadeurs, car tout ne fut pas fini là. En 1804, le ministre anglais à Hambourg, sir Rumbold, donna lieu à de tels soupçons qu'il fut enlevé avec ses papiers dans sa maison de campagne; on n'y découvrit rien parce qu'il avait caché les vrais dans sa légation qui était inviolable. Le roi de Prusse intervint en sa faveur comme directeur du cercle de Basse-Saxe. C'est à cette occasion qu'il s'établit *entre ce prince et le premier consul une correspondance confidentielle et amicale* dont on doit regretter la perte. Elles auraient constitué, avec les lettres originales des autres souverains qui ont disparu des archives impériales, des preuves historiques sur les affaires de l'Europe [1] depuis 1800 jusqu'à 1814 que nul

---

1. Cette question a été traitée à fond dans le t. X des *Mémoires du roi Joseph* et dans l'ouvrage, *Les rois, frères de Napoléon Ier*, par M. du Casse, ancien officier d'état-major.

n'avait pu réfuter. On y aurait trouvé la cause première des haines par ingratitude qui se manifestèrent en 1806, en 1809, en 1812, en 1814, pour s'accumuler dans les traités de Vienne, sous forme inaltérable de Droit public. [1]

1. V. Menneval, *ibid.*, p. 149 et 150.

CHAPITRE IV

STEIN ET LES RÉFORMES EN PRUSSE

SOMMAIRE

Famille de Stein. — Réformes administratives. — Premier mémoire politique au roi. — Second mémoire. — Sa disgrâce imméritée.

Parmi les hommes d'État qui ont réellement dirigé les affaires en Prusse, il n'en est pas de plus grand que le baron de Stein; il n'était pas né cependant dans ce pays. On observera que pour la plupart des personnalités politiques qui l'ont honoré durant un intervalle de cent années, il en a été de même, de Hardenberg à Niebuhr[1].

1. L'ouvrage considérable de M. Pertz publié de 1819 à 1855 sur Stein sous ce titre : *Das Leben des ministers freiherrn vom Stein*, comprend sept volumes. Il a donné lieu en 1861 à un résumé consciencieux et original de la part de M. Francis Lacombe. Nous l'avons utilisé pour nos recherches. Il est à regretter que notre ministère des affaires étrangères n'en ait tenu aucun compte quoique M. Lacombe lui eût presque donné une devise : *La France et l'Allemagne sous le premier Empire.* C'était un avertissement dont l'introduction aggravait la portée.

4.

Charles de Stein, baron, naquit le 25 octobre 1757 dans le château de son père, duché de Nassau, il en était le quatrième enfant. Sa famille appartenait à un rang élevé parmi la noblesse immédiate qui vivait dans les contrées rhénanes ; son domaine féodal lui appartenait depuis plus de sept cents années. Esprits politiques, les barons de Stein étaient tous entrés dans la ligue séculaire qui s'était organisée entre la noblesse immédiate, les villes libres et les princes ecclésiastiques pour empêcher les grands feudataires d'achever le démembrement de l'empire qu'avait favorisé l'interrègne du trône impérial.

L'éducation que reçut Charles de Stein lui prescrivit de rester fidèle à ce passé jusqu'au jour où son âge l'obligerait à choisir le pays qu'il servirait en Allemagne et la profession qu'il y exercerait. Élevé près de son père qui avait une charge à la cour électorale de Mayence, il étudia plus tard à l'université de Gottingue et voyagea après la fin de ses travaux en Allemagne, puis en Angleterre. Intelligence originale, il surpassa bientôt ses frères aînés à un tel point que sa mère lui accorda les bénéfices du droit de primogéniture ; ce fut à lui qu'échut la baronnie avec l'opulence qu'elle comportait. Il refusa à Vienne le poste de conseiller aulique pour se donner à la Prusse dont la monarchie militaire flattait les idées ; des relations de famille avec le ministre des finances l'y déterminèrent, c'était en 1780.

Nommé référendaire au département des mines, il fut créé surintendant à vingt-cinq ans. Frédéric II ne se doutait guère, en protestant contre sa propre signature à l'occasion de cet avancement, que celui qui en était l'objet deviendrait l'homme politique le plus illustre de la Prusse. La fortune a de ces surprises même pour le génie. Envoyé en mission à Mayence en 1784 à titre diplomatique, Stein entraîna l'électeur dans la ligue des princes allemands créés par son maître. La célèbre *fürstenbund* avait pour but depuis la paix de Teschen d'arrêter, par cette association d'intérêts communs, les usurpations de l'Autriche. En fait, la Prusse invoquait ce prétexte pour réaliser un jour *l'unité germanique à son profit*. Les convoitises de Joseph II sur la Bavière furent à nouveau conjurées et Stein retira de son habileté à triompher des ministres de France, d'Autriche et de Russie le titre d'administrateur des mines de Westphalie. Sa carrière fut donc brillante et rapide. Ce fut lui qui organisa en 1802 la province nouvelle que la République Française concéda à la monarchie prussienne, l'évêché temporel de Munster, dont sa nouvelle patrie obtint la plus grande partie. Il se distingua à tel point dans ses fonctions administratives qu'il est regardé aujourd'hui encore comme le modèle des chefs d'administration pour le commandement, l'impulsion, l'activité et les réformes[1].

De cette présidence générale de la Westphalie il passa en 1804 au ministère des finances dont il eut le portefeuille. Le roi hésita avant de le nommer; caractère doux et irrésolu, il savait Stein dictateur dans les formes, émancipateur dans le fond, impétueux dans les résolutions, jaloux de son autorité, âpre et probe, mais inexorable à tous surtout aux grands, sans souci de savoir s'il n'entravait pas ainsi ses programmes dans l'exécution. L'amitié de Beyme et l'admiration de Struensée triomphèrent des scrupules du roi. Ils lui avaient fait comprendre la profonde *science* politique de Stein, la nécessité qu'il y avait à réunir à son ministère *plusieurs départements* et l'obligation où l'on était d'employer des *remèdes héroïques*[1].

1. Rivarol a écrit sur le génie industriel prussien un jugement qui est à citer ; le lecteur fera les rapprochements nécessaires :

« Tout comme vous, mon cher marquis, je pensais que la révocation de l'Edit de Nantes avait transplanté nos arts utiles en Allemagne et qu'ils pouvaient se passer d'entretenir avec la France des relations de première nécessité; j'avoue que j'ai été dupe de ma crédulité. »

1. Les mots en vedette appartiennent au texte de la lettre de Beyme écrite par ordre du roi   Postdam, le 3 novembre.

Désigné le 27 octobre, nommé le 3 novembre, il entra en fonctions le 10 décembre et ne tarda pas à relever les bases de la fortune publique. S'inspira-t-il des réformes françaises quant aux octrois à l'intérieur, aux douanes et aux tarifs, c'est probable, car notre influence s'imposait par infiltration partout et immédiatement dans certains pays. Toujours est-il que l'administration prussienne fut citée après la nôtre depuis lors. Cela fait, le réformateur alla plus loin ; il entra de plein pied dans la politique par un Mémoire au roi. Il prétendit imposer à ses collègues la doctrine Anglaise qui ne permet à des ministres de gouverner que s'ils ont la confiance du pays. Or ces hommes, trois principalement, étaient incapables, infatués, serviles et prêts à tout pour rester aux affaires. L'impopularité de Beyme, de Lombard et de Haugwitz était scandaleuse en Prusse, on les méprisait en Europe. Le triumvirat se vit opposer dans le royaume Stein et Hardenberg son ami qu'appuyait la famille royale avec unanimité, la reine en tête. Mais la série des fautes commises ne put empêcher la lâcheté inouïe de 1805, résultat immédiat des intrigues de Postdam où se distingua la souveraine, de même qu'elle fut impuissante à arrêter la témérité de 1806, que favorisa celle-ci encore.

Après avoir tout accordé à la Du Barry berlinoise

et avoir subi l'influence des politiques français à l'extrême on allait appeler toutes les armées, les mettre sur pied de guerre et parler d'imposer une trève au vainqueur d'Austerlitz si imprudemment provoqué de Pétersbourg à Vienne, aux applaudissements de la maison de Brandebourg.

L'abaissement des ministres prussiens était tel que Talleyrand avança avec fatuité dans son salon une opinion qu'il aurait pu garder pour lui-même : l'enlèvement du ministère anglais accrédité à Berlin si Napoléon en avait la fantaisie. Le propos qu'on prête à Talleyrand et qui n'est qu'une flatterie ridicule n'est pas sérieuse. Ce qui le fut, c'est le serment prêté sur la tombe de Frédéric II et la part qu'y eut la reine. Après l'égoïsme, la duplicité inutile et l'abandon de la neutralité pour gagner à un concours équivoque des provinces nouvelles. On n'a jamais peur d'acquérir du ventre à Berlin.

Austerlitz dérangea les belles combinaisons d'antan. Huit jours après Napoléon, s'adressant à Haugwitz, négociateur véreux d'une *médiation* plus véreuse encore et détruite, s'écriait : *J'ai voulu vous faire la guerre ; aujourd'hui, je vous offre le Hanovre.* La Prusse le prit et abandonna Anspach à la demande du triumvirat Beyme, Lombard, Haugwitz.

C'était la guerre avec l'Angleterre comme l'annonçait Fox à titre de premier ministre. Mais on pensait aux Tuileries qu'il y avait en ce moment trois empereurs en Allemagne : France, Autriche et Prusse ; c'était vrai. La création de la confédération du Rhin aurait été une bonne chose plus tard si Napoléon, soyons juste, avait continué la politique de Louis XIV par le respect des intérêts bien compris de ses alliés allemands.

Quoi qu'il en soit, le *manuscrit* de Gentz sur 1806 est fertile en aveux cyniques pour les vues du cabinet de Berlin. Nous en citerons dans la suite de ce travail un extrait sur les fautes du parti de la cour dévoilées par le comte Haugwitz : tromper et dissimuler.

Stein n'avait pas accepté sans protester la domination de son collègue pas plus que ses avilissements. Il avait sagement prévu les difficultés de la médiation, quel que fût son caractère, de se manifester armée ou non. Il estimait qu'au lieu d'avoir gagné du temps comme le disait son collègue, on en avait perdu ; qu'on avait coopéré à une œuvre honteuse en acquiesçant aux remaniements napoléoniens sur l'Empire germanique ; qu'on avait laissé passer, à Vienne comme à Schœnbrunn, la seule occasion de relever la Prusse aux yeux de l'Allemagne et devant les autres cabinets ; qu'on perdait la confiance de tous par le maintien d'une neutralité qui avait pu être prudente ou utile mais qu'il fallait rompre ; qu'à ne pas *affranchir la patrie allemande* on ferait maudire cette neutralité que l'on nommerait trahison ; enfin, qu'à ne pas opposer la politique de celui qu'on appelait Frédéric le Grand à Napoléon le Grand on ne trouverait jamais l'occasion de détruire celui-ci.

Stein se prépara aux extrémités qu'il prévoyait. Pendant que le triumvirat amenait Hardenberg à négocier la paix avec l'Angleterre et à nouer une alliance avec la Russie, il rédigea pour le souverain son maître un Mémoire politique où il dévoila les causes des fautes commises. *La monarchie prussienne n'a pas de constitution*, osa-t-il dire en s'inspirant des idées françaises émises au serment du jeu de paume, le 2 juin 1789. Ce principe posé, il déclarait qu'il se prononcerait avec franchise *sur toutes les questions importantes de la monarchie*. Si ce langage émeut le lecteur par sa rudesse, qu'il se demande l'effet que dut produire ce mémoire sur un esprit alors tout féodal. Stein attaquait, en outre, *les défauts du gouvernement actuel* sans autre but que l'intérêt du roi qu'il servait et en termes d'une netteté qui en aggravait le sens. Craignant d'être pris non pour un réformateur hardi, titre qui lui suffisait, mais pour un révolutionnaire, il ajoutait prophétiquement :

« Votre Majesté m'ayant montré toute sa con-
» fiance dans mon administration, je ne veux tirer
» aucun avantage de l'acceptation de ma propo-
» sition et j'engage ma parole d'honneur vis-à-vis
» de Votre Majesté de refuser tous ceux qui pour-
» raient m'en revenir. Il ne pourrait en résulter
» que du désagrément pour moi en m'attirant le
» mécontentement de Votre Majesté et en me for-
» çant de prendre ma démission. Les conséquences
» de cette démarche, je les attendrai avec calme,
» sachant que j'ai fait mon devoir et m'en remet-
» tant à la Providence qui tient entre ses mains
» toutes puissantes le sort des monarchies, des
» princes et de leurs sujets. »

Stein lut à tous ses collègues ce redoutable Mémoire[1] et le communiqua au militaire qui avait la
confiance de Frédéric-Guillaume, le général Ruchell. Il insista auprès de ce dernier afin d'arriver
à un changement complet d'hommes et de choses,
l'adjura d'être l'interprète auprès du roi de ses pensées et lui remit une lettre où sa démission était offerte dans le cas où les principes fondamentaux de
son travail seraient rejetés. La conduite d'un

1. Il était intitulé : « Représentation de l'organisation vicieuse
du cabinet actuel et de la nécessité de former une conférence
des ministres. »

homme d'État qui préfère la retraite à la honte pour son pays et l'abandon du pouvoir le jour où ses idées comme son programme n'obtiennent pas gain de cause, Stein la tint en 1806.

Le mois de mai le vit agir personnellement auprès de la reine ; il s'éleva contre Haugwitz avec vigueur. Il savait qu'il ne pouvait déplaire à celle-ci, connaissant les sentiments qu'elle nourrissait sur ce ministre ; or, ces sentiments étaient de la *répulsion* depuis le traité de 1806. La date du 15 février était douloureuse pour la reine Louise, sans qu'elle voulût se rendre compte de ce qu'elle avait fait dans ce but. Elle transmit à son mari l'œuvre du ministre des finances ; Frédéric-Guillaume fut indigné. Il trouva de pareilles constatations moins des représentations que des conseils. Or, il se prétendait infaillible et Pape luthérien retirant de son opinion religieuse un bénéfice sûr par sa cause politique. Il fut donc blessé à un double titre. Nier la capacité des ministres c'était déclarer l'incapacité du souverain, ce qui était vrai. Ils sont peu nombreux les princes qui admettent les vérités ou de semblables parallèles ; les uns les blessent, les autres leur paraissent un outrage ; ici ce fut ce qui se produisit. A ces faits il faut joindre : la partie générale du Mémoire et la conduite personnelle du baron de Stein à l'égard du favori

Beyme. Auteur de son choix, il eût mérité quelque bienveillance dans la forme, son obligé fut inexorable pour la série de ses fautes. Le roi se tut cependant à raison du concours de celui dont il ne pouvait se passer et parce qu'il le voyait peu, les fonctions du trésor le retenant loin de sa personne.

De la lecture qu'il fit il retira cependant un profit immédiat ; il comprit qu'il importait de sortir de la voie suivie. Il se tourna vers le cabinet de Pétersbourg pour solliciter son concours : il eut tort d'aller à Pétersbourg et il se trompa également en implorant l'intervention armée du tzar. Frédéric-Guillaume n'était qu'un homme vulgaire quant à la portée de son intelligence, doué de la duplicité des Hohenzollern par l'influence de sa femme qui abusait de la puissance de ses charmes, de son esprit et de sa beauté souple.

L'été de 1806 fut gouvernementalement sinistre pour le cabinet prussien ; l'effet de la politique de 1805 portait ses fruits amers quant aux réformes imposées au Saint-Empire, quant à l'Autriche vis-à-vis de ses alliés allemands du temps passé. Haugwitz ne sut pas organiser la confédération de l'Allemagne du Nord et le roi pas davantage. Ce fut alors que Stein rédigea et remit une seconde représentation où on lisait les plaintes les

plus amères contre la France. Napoléon n'y était
nommé que Bonaparte, sa gloire y était insultée
et l'alliance franco-prussienne où nous étions dupes
était représentée comme un outrage ; quelques ex-
traits vont le prouver, tant la haine est mauvaise
conseillère.

« Sire, y était-il dit, voyez la position critique
» de l'État en face de l'Europe et de la France
» attaquant en pleine paix une principauté germa-
» nique, le système de Frédéric le Grand anéanti ;
» l'isolement de la Prusse en Allemagne ; vos al-
» liés fidèles en danger ; vos parents perdant une
» possession de deux siècles. Vos armées n'ont
» pas été employées quoiqu'elles fussent prêtes ;
» mais le comte de Haugwitz a fait tout échouer.
» Un nouvel armement très dispendieux s'opère ;
» c'est le grand moment. *Bonaparte veut mettre*
» *la Prusse sous sa dépendance* ; les armées et
» le peuple se sacrifieront ; mais on craint qu'ils
» n'échouent par l'incapacité des conseillers du
» cabinet. Le peuple se méfie de ses ministres qui
» se posent entre vous et lui. L'opinion dit que
» Bonaparte les a gagnés avec de l'argent ; en
» tous cas, ils sont tous incapables.... Que le roi
» s'entoure d'hommes capables de diriger les af-
» faires et alors Bonaparte fera une paix solide....
» Tout le monde craint d'être livre à Bonaparte....

» Les princes et les ministres soussignés pen-
» sent.... »

Le Mémoire concluait en arguant de leur dévouement au roi et à la patrie. Or, le souverain
admettait bien avec la reine, son conseil dirigeant,
qu'on parlât de patrie quand il s'agissait d'arron-
dir la Prusse aux dépens d'un prince allemand et
aussi Allemand qu'elle; mais du moment où on
parlait de Patrie prussienne seul il entendait la représenter et, mieux, la personnifier. Il voyait dans
l'interprétation qu'en faisait Stein le 2 septembre 1806 une théorie révolutionnaire insolente au
même titre que celle des premiers constituants
français de 89 adoptant pour devise ces mots : *la
Nation, la Loi, le Roi.*

On avisa le baron ministre du mauvais effet
qu'avait produit son Mémoire; quant aux princes
et aux généraux ses signataires, ils furent renvoyés
dans leurs garnisons respectives. Peu après il
était remercié et Frédéric-Guillaume trouvait dans
des défaites sanglantes le châtiment de son orgueil,
la Reine celui de ses violentes intrigues.

CHAPITRE V

SOMMAIRE

Le nouveau roi Frédéric-Guillaume III veut la paix. — Ligue des neutres, son adhésion. — Difficultés prussiennes à la paix de Lunéville. — Rupture de la paix d'Amiens et de Hanovre. — Traité de Postdam.

Le cabinet de Berlin refusa en 1799 de rentrer dans la coalition, malgré les instances de la Russie ; Siéyès, de son côté, veillait aux instructions reçues. Les années 1797 à 1801 trouvèrent la Prusse fidèle à la fortune de la France victorieuse, et de Marengo à Hohenlinden portant à ses ennemis des coups déterminants. L'Angleterre avait tenté en 1799 de la séduire par les offres de lord Elgin, de lord Granville et les promesses du comte Districhstein, l'envoyé de Vienne ; mais la neutralité expectante faisait trop bien ses affaires pour qu'elle en sortît aussi vite.

Notre chargé d'affaires, M. Otto, informa son

gouvernement que le nouveau roi aimait la paix et déplorait la conduite tenue par son prédécesseur à notre égard. Il fit valoir son nouveau ministre, d'Haugwitz, partisan de la paix et jaloux de faire de son maître le médiateur de la République en Europe. Le favori comprenait que c'était le plus sûr moyen de relever son pays appauvri, déconsidéré et perdu de réputation militaire. Thiers a défini avec autorité le rôle d'un médiateur : « Intervenir à propos entre des adversaires fatigués, recueillir tous les fruits de la guerre qu'on n'a pas faits et de la paix qu'on a dictée. » Pour l'engager à persévérer dans ses projets, Bonaparte notifia à Berlin son avènement à la dictature par l'envoi de Duroc ; l'aide-de-camp déclara, au nom du nouveau chef de la France, que la paix était entre les mains de la Prusse à titre d'arbitre. Le général Beurnonville, général habile, estimé des cours, fut nommé ambassadeur officiel et commenta avec mérite le plan de son général en chef.

L'ambitieux d'Haugwitz répondit aux démarches de Paris en occupant Cuxhaven où les Anglais avaient entraîné un vaisseau prussien capturé sous prétexte de visite. Au mépris des traités et du droit maritime, le cabinet de Londres exerçait une véritable tyrannie sur les mers en prétextant qu'il existait un commerce interlope de munitions de guerre entre les Etats. Les puissances du Nord, indignées, formèrent, le 16 août 1800, une ligue maritime destinée à garantir la liberté des pavillons. Elle affirma ses doctrines et son existence en mettant l'embargo sur les marchandises et les marins anglais qui stationnaient dans leurs ports. Privée de colonies, douée de havres sans valeur, la Prusse adhéra cependant et crut qu'il serait plus sage de mécontenter les maîtres de l'Océan, que ses voisins de la Baltique au Rhin, de la mer du Nord à l'Océan.

Une Note du 12 février 1801 expliqua au cabinet de Londres le motif de cette adhésion vigoureuse mais inattendue : « Pourvoir à la sûreté de leurs pavillons et de leurs sujets.... Avait-on jamais concédé au souverain de l'Angleterre le droit de citer devant son tribunal le navigateur étranger et de s'approprier de sa cargaison ?... La Prusse ne se déciderait à renoncer à la nouvelle alliance qu'elle venait de contracter qu'autant que la Grande Bretagne se déciderait elle-même à lever tous les embargos qu'elle avait mis sur les navires étrangers. » Pitt tint compte de ces plaintes, mais en les spécialisant à la Prusse, et un prince anglais se rendit à Berlin pour renouer la convention de 1794 entre les deux Cours, 4 mars 1801.

Vains efforts, le 30 du même mois le comte de

Schulenburg déclara aux autorités du Hanovre :
« que le roi de Prusse, usant du droit de représailles contre les injures qu'il avait souffertes et vou-
lant prévenir de nouvelles offenses, se voyait forcé
de fermer les embouchures de l'Elbe, du Weser
et de l'Ems et d'occuper en même temps les Etats
héréditaires du roi d'Angleterre situés en Allemagne. » Le cabinet de Londres était au ban de
l'Europe, il sut conclure la paix avec la France
le 1er octobre, et la cour de Berlin évacua aussitôt
une proie tant convoitée ; l'assassinat du Tzar
devait sauver les vues et la vitalité politique de
Pitt.

La paix de Lunéville rendit le repos à l'Empire,
on dut fixer les compensations de ceux qui avaient
tout perdu par la cession de la rive gauche du
Rhin à la France. Les Électeurs ecclésiastiques se
voyaient sans compensation. Le Comité de Ratis-
bonne préposé à l'examen de leur réclamation et à
celles des princes dépossédés était sans conseil,
sans fonctions profitables du moment où le vainqueur ne l'autorisait point ; et ce vainqueur c'é-
tait maintenant ce Premier Consul, rayonnant de
gloire et d'une force de volonté peu communes !
Aussi les ambassadeurs de ces derniers se trans-
portèrent-ils à Paris pour attendrir l'adversaire
de 1792 qui allait fouler aux pieds leurs droits

5.

renversés et commettre une faute irréparable.... dans l'avenir [1].

« D'après les règles de la stricte justice, les prin-
» ces allemands auraient dû être seuls dédom-
» magés sur le territoire germanique... Le traité
» de Lunéville ayant été ratifié par la Diète, la
» charge que l'empereur voulait faire peser sur le
» territoire germanique était acceptée avec regret
» mais d'une manière formelle. Les traités de Bâle
» et d'Amiens qui stipulaient une indemnité pour
» le stathouder étaient, il est vrai, étrangers à la
» Confédération ; mais l'Angleterre, avec l'in-
» fluence que lui procurait la possession du Ha-
» novre, la Prusse avec sa puissance sur la Diète,
» assurées d'ailleurs l'une et l'autre du concours
» de la France, n'avaient pas de refus à craindre
» en réclamant une indemnité territoriale pour le
» stathouder. Il était donc convenu d'un consente-

1. Nous reconnaissons avec Thiers que « c'était l'occasion
forcée d'un remaniement général du territoire germanique, »
mais était-ce tout que de vider le présent sans penser à l'avenir ? Nous croyons que Henri IV et Louis XIV, que Richelieu,
Torcy, Choiseul, Chauvelin, ces grands ministres des affaires
étrangères, eussent jugé autrement que Bonaparte.

Thiers l'a senti ; aussi, reconnaissant que le pouvoir absolu
des grands vassaux de l'Empire allait s'accroître, dit-il qu'il
est permis d'éprouver quelque regret. Cet aveu, loin d'infirmer
notre opinion, la corrobore. (V. *Consulat et Empire*, t. IV, p. 55
et 77.)

» ment à peu près unanime que le stathouder,
» comme les deux archiducs italiens, auraient leur
» part des évêchés sécularisés. Pour indemniser
» ces princes allemands, italiens, hollandais, il ne
» manquait certainement pas de beaux domaines
» en Allemagne [1]. »

Que voulait la Prusse, toujours émue du bien qu'elle prend à autrui ? d'après quelles vues généreuses allait-elle agir vis-à-vis de ses anciens alliés ?... Triste spectacle que celui des revers où la cupidité a toujours sa part et où l'ami d'hier devient l'ennemi quand il n'est pas l'oppresseur !

La cour de Berlin avait su se débarrasser de ses préjugés. Elle avait oublié les émigrés comme leurs bavardages frivoles pour vivre d'accord avec la Convention thermidorienne, le Directoire et le nouveau général devenu par un coup de force Premier Consul ; l'ambassade de Siéyès lui avait profité ; sans le regretter outre mesure, elle avait lu dans sa pensée. Exigeant la neutralité armée en principe de droit public, elle avait compté alors sur une réorganisation de son royaume. Sans prétendre à l'Empire, elle s'était éprise d'un besoin d'extension rapide, fût-ce même au prix d'injustices, ce en quoi elle outrepassait les conseils de

1. Appréciations et exposé de Thiers sur le résultat des sécularisations.

Siéyès. Elle eut comme un pressentiment vague de destinées nouvelles; forçant le cercle de ses traditions, elle accepta, au lendemain du traité de Bâle, la pensée de notre gouvernement : *la formation d'une Confédération contre l'Autriche.* Pour atteindre son but, tout moyen lui parut bon.

Incorporons toujours, se dit-elle, le temps fera le reste. Ce raisonnement hardi, s'il n'est pas scrupuleux, devait lui réussir ; depuis le partage de la Pologne qu'elle n'avait pas négligé de renouveler durant ses invasions en France, l'honnêteté et la probité ne pouvaient régler sa politique. Son avenir en eût souffert; et, en Prusse, contrairement à ce que nous faisons depuis bientôt deux siècles, on pense au lendemain [1]. La pauvreté rend quelquefois prévoyant, l'âpreté de la nature, les difficultés du climat et l'ingratitude du sol ornent le caractère d'une race d'un don presque d'ubiquité, c'est ce qui arriva au vaincu de 92.

Mais ce qu'il ne comprit pas en raisonnant ainsi — et en conformant sa diplomatie pratique à ces théories, — c'est que l'ambition allait le faire dé-

---

1. Prompte à *tripler* le chiffre de ses pertes, la Prusse *dissimulait* la valeur exacte des compensations qu'elle ambitionnait dans la même proportion. Ainsi. nous avions évalue l'évêché de Munster à 1.200.000 florins de revenus, Haugwitz répliquait : On l'accepte à 350 mille, et ainsi des autres offres !

vier de ses dogmes féodaux. Le cabinet de Berlin affirma donc la nécessité de s'indemniser de la guerre et bouleversa pour cela le vieil Empire germanique. Son avidité lui fit emprunter les formes révolutionnaires condamnées par tous les diplomates. On inocula nos pernicieuses doctrines à la patrie du vieux droit public et la Révolution française fut lancée tête baissée contre le colosse vermoulu du Saint-Empire. Un coup d'épée pouvait l'abattre et alors que deviendrait l'Allemagne !

On le voit, les *nationaux-libéraux* ne datent pas de Sadowa, ils ont des ancêtres et des plus déterminés. Le prince de Bismarck est un plagiaire intéressé.

Villes libres, principats ecclésiastiques, libertés locales, traditions féodales, législation antique, administration vénérée, bulle d'Or ; la Prusse se préoccupa peu de ce passé. Elle entendit qu'un sang nouveau fût infusé au colosse... à la condition que ce serait le sien. Ainsi le voulait la grande ombre du grand Frédéric, ainsi du moins agit d'Haugwitz au nom de son maître.

Elle aggrava les difficultés par la proposition de remplacer les électeurs catholiques de Cologne et de Trèves par des électeurs protestants. Elle tenait à cette accession nouvelle de la religion réformée par les princes de l'Empire, à tel point qu'elle promit son alliance exclusive à la France de qui elle espérait tout ; elle entendait même lui garantir en retour la composition nouvelle de l'Italie, en haine de l'Autriche et dans le but de faire accepter ses énormes prétentions. Les historiens de l'Allemagne moderne partagent ouvertement notre manière de voir. Inspirés par cet exemple, les princes dépossédés imitèrent son adhésion à notre politique et agirent soit par leurs ministres, soit par eux-mêmes, à Saint-Cloud.

Thiers a décrit avec sa clarté lumineuse le but de la Prusse : « Elle voulait faire en Franconie » ce que l'Autriche cherchait à faire en Souabe ; » elle y voulait *doubler* au moins son territoire. » C'était une ambition constante de ces deux gran- » des cours de prendre, dans le milieu de l'Alle- » magne, des positions avancées soit l'une contre » l'autre, soit contre la France, soit aussi pour y » tenir sous leur influence les Etats du centre de » la Confédération. » Nous n'avons pas à exposer le détail de négociations qui nous intéressent par un seul côté : le rôle de la puissance qui se jeta la première sur notre pays pour le ravager en oubliant le droit des gens et le respect de la politique intérieure des Etats.

Le 23 mai 1802, une convention fut signée avec

le Premier Consul qui assigna au cabinet de Berlin une part considérable dans les indemnités sans toutefois satisfaire ses vastes désirs. En retour, celui-ci approuva nos volontés sur la Hollande et l'Italie.

Ces deux actes provoquèrent des cris de protestation en Allemagne.

On y trouva le vaincu trop bien partagé ; on l'accusa d'avoir abandonné la cause de l'Europe d'ancien régime, pour celle de la Révolution, toujours redoutée et d'autant plus détestée qu'elle était victorieuse seule contre tous [1].

Qu'importaient ces plaintes à des moralistes de l'école de Frédéric II !

Le 6 juin, le cabinet prussien publia une déclaration dictée de Kœnigsberg pour informer les intéressés qu'il allait effectuer la mise en pratique des *traités*. Aux amères clameurs des princes qui se dirent outragés, il répondit que son occupation était « provisoire » jusqu'au prononcé de la Diète, et le 20 juillet ses troupes se répandirent dans les provinces, avec douleur. Les plaintes étaient cependant justifiées. Pour quarante-deux mille carrés perdus, Frédéric-Guillaume en recevait deux

---

1. Les principautés susceptibles de sécularisations formaient en territoire et en population le sixième de l'Allemagne. Pour les revenus, ils montaient à 14 millions de florins.

cent quarante-un mille; les cent soixante-douze mille sujets perdus lui en valaient six cent mille autres, et cent mille écus de revenus s'élevaient providentiellement à quatre cent trente mille, témoignage d'une soif de l'or poussée jusqu'à l'avarice.

C'est ainsi que l'on prenait du ventre à Berlin. Les transformations de principes y rapportent toujours plus que ne coûte leur perte. Les doctrines diffamées avant la lutte, deviennent sacrées après le bon combat. Les petits profits sont la manne d'un regard favorable du Seigneur, ami de son peuple.

Le Seigneur ne devrait-il donc rien à ses ouailles évangéliques, et le cœur endurci des Philistins pourrait-il être préféré aux rigides observateurs de textes bibliques?

Devant cet enthousiasme toute discussion fut éteinte et la Diète indignée donna le *conclusum* fédéral le 25 février 1803 [1]. Pour sauver les apparences l'Empereur accepta le fait accompli en fai-

---

1. Thiers a porté un jugement instructif sur les difficultés que mit la diplomatie berlinoise à l'adoption définitive des conclusions :

« La Prusse, dit-il, avait en un mot mille prétentions plus vexatoires, plus déplacées les unes que les autres, qui, surgissant d'une manière imprévue à la fin des négociations, étaient de nature à les faire échouer. »

sant quelques réserves. Les bourgeois dévots de Berlin se délectèrent en pensant que l'orgueilleuse Maison d'Habsbourg était battue et contrainte de signer presque sa déchéance, malgré son amour des anciens principes constitutionnels. La finesse athénienne ne perd jamais ses droits sur les bords de la Sprée.

Accrue en territoire, la Prusse était sans défense au midi ; elle présentait à la Russie une frontière étendue mais ouverte, privée de forteresses ; à l'Occident les nouvelles provinces ne pouvaient opposer de résistance à l'ennemi et les populations habituées au gouvernement épiscopal répugnaient au service militaire. On observa le danger de cette situation après la paix de Lunéville, la diplomatie du comte d'Haugwitz allait avoir pour but d'y remédier.

La paix d'Amiens, nommée *la plus glorieuse de ce siècle*, fut rompue par l'Angleterre, au nom de ses intérêts personnels, en usant de prétextes spécieux. Politique habile, elle fit croire à l'Europe que ses intérêts maritimes n'étaient pas seuls en jeu. Elle dit en secret qu'une puissance qui s'était agrandie par trois lignes de forteresses situées sur de larges fleuves, défendue par un million de soldats familiarisés avec les dangers et par dix années de victoires aussi inespérées qu'éclatantes,

ne garderait pas le respect des traités. L'ambition
de la France n'était-elle pas sans mesure par habitude ?

L'élan de notre patrie se manifesta à son tour.
On y accepta la guerre avec un enthousiasme in-
dicible et on parla de punir dans son île ce peuple
de marchands ; l'honneur et l'intérêt furent d'accord. On se dit qu'avec le génie d'un chef comme
Bonaparte, la traditionnelle *rivalité* des deux peuples prendrait fin. Le premier Consul convoquant
les mandataires du pays : Sénat, Corps législatif,
Tribunat, leur communiqua les pièces des négociations afin de gagner l'opinion ; il n'y eut pas
de peine et trois députations de ces corps lui appor-
tèrent une approbation unanime [1].

L'Angleterre, y était-il dit, ne pourra plus
avancer qu'elle soutenait les principes conserva-
teurs de la société européenne ; ce sont nous qui
tiendrons ce langage si la guerre se rallume : c'est
nous qui vengerons alors les droits des peuples
pour un droit des gens éternel. Cette nation n'a

---

1. L'Angl terre put avoir raison dans les formes, relativement
à la scène dont lord Withworth fut l'objet aux Tuileries ; mais
le fond restait le même quant aux affaires. Les plaintes anglaises sur la situation des deux États depuis la paix avaient été
dictées par l'influence de Pitt qui préparait sa rentrée dans
l'ombre et qui l'obtint.

négocié que pour tromper, elle n'a demandé la paix que pour recommencer la guerre.

Par une commotion instantanée, depuis les plus grandes jusqu'aux plus petites villes de France, les municipalités offrirent au chef de l'État des bateaux plats, des frégates et des vaisseaux de ligne [1]. Les départements s'imposèrent. Depuis Lille jusqu'à Marseille on tint partout la même conduite [2]. D'autres augmentèrent leurs charges publiques ; l'un d'entre eux offrit cent pièces de canon de gros calibre [3]. Même concours chez les grandes maisons de commerce ; aussi a-t-on évalué à 40 millions le *produit* net de ces offres. Or, le *budget* atteignait à peine 500 millions ; c'était donc un dixième des revenus !

Le parti Grenville et les accapareurs du haut commerce voulaient seuls la guerre à Londres. On le vit à la douleur qui envahit les témoins de l'entrevue du général Andréossy et de lord

1. La ville d'Orléans fut la première qui conçut ce projet, souvenir heureux de Jeanne d'Arc. A Paris la ville vota un vaisseau de cent-vingt canons, Lyon un de cent, Bordeaux de quatre-vingt, Marseille de soixante-quatorze.

2. Le département du Nord vota pour son compte un million, celui du Rhône le huitième de ses contributions ; le plus pauvre donna deux cent mille francs et un arrondissement comme Moissac y prit part.

3. Département de la Côte-d'Or, celui de Carnot et de Davout ; on fondit les pièces au Creuzot.

Withworth, à Douvres. Bonaparte et Georges III
avaient intérêt à s'unir, à régler ensemble les intérêts du monde et à renvoyer les brouillons ou
les spéculateurs à leurs affaires. A se jeter l'un
contre l'autre pendant dix années encore devait
sortir la domination du Nord sur l'Occident !

Ce serait mal connaître les hommes, surtout les
hommes qui dirigent les affaires, si on les jugeait
inaccessibles aux perfides suggestions. Les événements de 1803 l'attestent ici.

Aux injures de la presse contre le Premier Consul, aux tentatives d'assassinat qu'elle laissa s'organiser à Londres et qu'il est à peu près certain
que solda secrètement William Pitt [1], la Grande-
Bretagne ayant ajouté le refus d'évacuer Malte,
la rupture devint complète. L'embargo sur nos
navires de commerce recommença ; une flotte, un
camp furent formés à Boulogne et un corps d'armée français se prépara à envahir le Hanovre.

Dès qu'il se vit en butte aux menaces de notre
pays, le malheureux Hanovre dépêcha un envoyé
à Berlin.

Il tenta d'y intéresser le gouvernement à deux
titres : protéger le nord de l'Allemagne et conti-

1. On a prouvé que son ministère pensionna des assassins à
Londres et à Paris, en Vendée. Le comte de Menneval cite parmi
les coupables des ministres du corps diplomatique en fonctions.

nuer pour lui la politique de paix, d'union traditionnelle. Le militaire chargé de la négociation
n'oublia pas de représenter la France comme l'ennemi *naturel* de l'Allemagne — c'était son droit
— et il en donna pour raison *son voisinage*, ce
qui était moins probant. Mais le roi pensant d'a-
bord à ses intérêts, fit dépendre de la volonté du
Premier Consul son protectorat. Il fut convenu
avec lui que la Prusse offrirait à l'Angleterre d'occuper ses possessions en Allemagne pour les lui
conserver ; en retour le cabinet de Londres accorderait à sa marine naissante la liberté des mers ;
celui-ci refusa, et mettant le *mare clausum* en pratique, il visita plus que jamais les vaisseaux des
puissances neutres, spécialement ceux de la Prusse.

Ls 4 juin 1803 le Hanovre fut occupé par nos
troupes.

Les petits États crièrent à l'infamie et l'Angleterre ferma immédiatement les embouchures de
l'Elbe et du Weser. Le commerce du Nord allemand vit son importance réduite et celui de la
Prusse tout à coup interrompu. Celle-ci essaya de
négocier à Bruxelles, Bonaparte lui refusa le rétablissement de la libre navigation de l'Elbe et du
Weser, plein déjà de sa doctrine, le blocus continental. Le cabinet anglais ne voulait lever le
blocus, de son côté, qu'à cette condition ; les choses

restèrent comme au début de la crise. Les débouchés d'Emden, de Stettin, créés par la nécessité, continuèrent à se plaindre d'une situation difficile, les bénéfices se dispersèrent et les agents français diminuèrent par leur espionnage les ressources obtenues au prix d'âpres efforts.

Isolée, l'Angleterre se retourna vers la Russie glorieuse des défaites de Charles XII, rivale de Frédéric le Grand dont elle avait balancé le génie, victorieuse des Turcs, protectrice du Saint-Empire par l'épée de Souwaroff, enfin garante de l'ordre qui avait été établi en Allemagne et que l'occupation du Hanovre avait troublé. C'est à l'initiative personnelle du Premier Consul vis-à-vis de l'empereur Alexandre que ce cabinet obtint l'honneur d'être garant des principautés germaniques. Le premier acte de partage à effectuer entre la Russie et l'Empire français à Tilsitt, le voilà dans son origine secrète. Bonaparte avait donc préparé de longue date sa politique du Niémen. Nul ne l'a constaté jusqu'ici. Le meurtre du duc d'Enghien — gage de guerre contre les trônes de race — rapprocha les deux cours ; l'élévation de Bonaparte à l'Empire, l'hérédité de la dignité suprême assurée dans sa famille achevèrent l'œuvre. La France et la Russie ne devaient plus se rencontrer que sur les champs de bataille.

Quel accueil fit le roi Frédéric-Guillaume aux ouvertures qu'il reçut de la transformation du pouvoir suprême de Bonaparte par les pouvoirs publics de la France en avril 1804 ? Une dépêche du 23 à son envoyé déclare :

« Sa Majesté prussienne ayant vu avec plaisir
» le pouvoir suprême déféré à vie au Premier
» Consul, elle verrait avec plus d'intérêt encore
» l'ordre de choses effectué par sa sagesse et
» ses grandes actions consolidé par l'établisse-
» ment de l'hérédité dans sa famille qu'il ne ferait
» nulle difficulté de reconnaître ».

On comptait tirer quelque gloire de cet acte à Berlin dans une persuasion fausse de saluer le premier le nouvel élu. La joie fut de courte durée. C'était, en effet, l'Autriche qui arriva première, et M. de Laforêt l'annonça aux ministres. Ceux-ci prirent leur revanche sur le titre d'empereur ; dès qu'ils apprirent que Vienne discutait, ils ne discutèrent pas. Lorsque les événements poussèrent en avant la troisième coalition [1], ils restèrent neutres.

1. Bignon a formulé sur cette coalition un jugement qui est devenu un principe et qu'il faut retenir : « Quand une négociation *suivie pendant plusieurs mois* ne termine pas une guerre, presque toujours les semences de plusieurs guerres sortent de cette négociation même et vont armer l'un contre l'autre des États qui étaient en paix. »

La Suède accéda à la ligue anglo-russe.

L'Autriche, secrètement hostile, massa ses troupes de la Bohème à la Moravie et les dirigea vers l'Italie, champ clos des querelles du monde.

La Prusse fut invitée à entrer en ligne, la peur devait la contenir.

La France tenait à diminuer le nombre de ses adversaires. Le maréchal Duroc et l'habile M. de Laforest furent envoyés à Berlin avec l'offre du Hanovre pour prix de son alliance. Un historien célèbre l'a constaté : *La probité du jeune roi n'y avait pas tenu et les sentiments de M. de Hardenberg, qu'on appelait en Europe le ministre bien pensant, n'y avaient pas tenu davantage.* Il est écrit que ce cabinet ne reculera jamais devant la satisfaction des agrandissements : *possideo quia possideo.* On sait ce que pensent les légistes de cet adage peu fortifiant du droit de propriété : Postdam diffère d'opinion, c'est tout [1].

L'embarras ne consistait donc pas à recevoir ce présent (grec aux yeux de la coalition), mais à lui faire comprendre qu'on acceptait dans l'intérêt de l'Allemagne. Certainement on ne déclarait pas

---

1. Bonaparte avait voulu — et il faut l'en féliciter — séparer les trois puissances : France, Autriche, Prusse. Du moment où l'on modifiait les principautés germaniques, cette note assurait l'indépendance et la paix générale.

avoir la main forcée, les Frédéric ne font jamais
de tels aveux ; ils ont créé un art d'expliquer les
événements inconnu jusqu'au jour où ils éclairent
l'horizon d'une éblouissante lumière. On l'adopta
encore en parlant de *médiation armée*.

La marche des armées russe, autrichienne et
française prouva que ce serait probablement la
guerre après la médiation. Les Hohenzollern
avaient appris la prudence depuis 1792 et s'ils
avaient obtenu des territoires en retour, ils avaient
ignoré les victoires vraies. C'est pourquoi ils ren-
trèrent dans les démonstrations platoniques et
repoussèrent le don du Hanovre, d'un cœur ému,
quoique fidèles à leur plan de 1802 : occuper les
bords de la Baltique pour être plus unis, s'y créer
une double marine, s'emparer de tout le nord-alle-
mand.

L'arrivée du prince Dolgorouki et de M. d'Alo-
peus vint les plonger dans l'embarras du doute.
On leur démontra que les soixante-dix mille Russes
rassemblés sur les frontières de Silésie les préser-
veraient en s'opposant les premiers à l'ennemi, et
on menaça leur incertitude par la violation de leur
territoire. La colère l'emporta cette fois, et une
armée prussienne de quatre-vingt mille hommes
fut mise sur pied. Une entrevue proposée par le
Tzar fut acceptée à Berlin, et Hardenberg en-

6

dormit nos plénipotentiaires par un *serment de neutralité*.

Le cri de guerre du 24ᵉ bulletin de la Grande Armée avait été poussé contre le cabinet de Londres créateur de la troisième coalition : *Il n'y a qu'une voix à Vienne comme à Paris, les malheurs du continent sont le funeste ouvrage des Anglais !*

En face d'une coalition toujours renaissante — la panique de la France avait gagné l'Europe — Napoléon avait mis en mouvement six corps d'armée et des bords de l'Océan les avait dirigés aux sources du Danube. L'admirable conception qu'il fit au début de cette campagne se réalisa en son entier ; franchissant le Danube lorsqu'on le croyait à Boulogne, il enveloppa les troupes autrichiennes, investit Ulm, les réduisit à capituler et subjugua en vingt jours une armée de quatre-vingt mille hommes sans livrer bataille, deux cent canons et quatre-vingt drapeaux.

En apprenant ce désastre, Pitt mourut de douleur. Il avait gouverné pendant vingt ans son pays ; peu aimé du roi, il succomba à sa propre haine après avoir perdu l'Autriche. Sa hauteur contre la véhémence juste de Fox et contre les sarcasmes de Shéridan cacha mal ses responsabilités politiques. Autant son père fut un homme de génie, autant il fut un homme de parti.

Dans l'ardeur de la lutte nous avions traversé Anspach; le parti de la cour s'écria qu'on avait outragé la Maison de Brandebourg et qu'un tel acte voulait une réparation, sinon la guerre. A l'avoir un jour mieux valait l'accepter de suite, puisqu'on serait obligé dans l'autre cas de la faire au Tzar. Cet emportement devint chez le roi une colère calculée. Il déclara qu'il autoriserait les Russes à traverser la Silésie, juste représaille de notre conduite, et qu'il occuperait le Hanovre pour *préserver* le royaume de la guerre; l'influence de la reine sur son faible mari, la voilà en son entier.

L'arrivée d'Alexandre à Berlin le 25 octobre, arrivée qu'on n'avait pu ni arrêter, ni amoindrir, vint échauffer toutes les têtes.

Négociant un traité avec ce souverain dont on avait lieu de préjuger l'acceptation par les confidences auxquelles on s'était mutuellement livré, Napoléon avait cru rester fidèle à la Convention de 1796 en traversant ces enclaves. Son ministère raisonnait ainsi le 5 octobre. Le *traité de neutralité* en négociation renouvelle simplement celui de la dernière guerre. Or, la Convention du 5 août 96 a établi que les belligérants pourraient traverser les possessions non comprises dans la neutralité, et notamment la Franconie, avec cette réserve qu'ils ne pourraient y établir la guerre. Le mobile de l'empereur, le voilà. En outre, les Bavarois et les Autrichiens ayant agi de même, ajoutait notre diplomatie, ces principautés ne resteraient-elles fermées qu'aux troupes françaises ?

Le baron de Hardenberg répondit au nom de son maître : Il se considère aujourd'hui comme libre de tout *engagement antérieur au moment présent*. La cour l'emportait sur la sagesse.

La déférence du Tzar pour l'opinion dominante et les personnages célèbres, lui livra la cour et les classes dirigeantes d'un patriotisme enflammé. La Prusse commença ainsi son hostilité cruelle, inqualifiable. Rappelé dans le cabinet du roi, le comte d'Haugwitz blâma l'entraînement de son pays, tantôt français, tantôt russe. L'entretien d'Alexandre avec l'habile diplomate roula sur le thème unique : ne pas s'éloigner de l'Europe, debout contre Napoléon. Le roi, de son côté, répondit que c'était vouloir ruiner la Prusse que de la jeter dans la lice et que résister à Napoléon lui paraissait enfin impossible, après les désastres de l'Autriche.

Son entourage, l'influence de la reine, l'état-major, la jeunesse militaire, l'enthousiasme d'un public égaré qui acclamait tous les soirs le drame de Schiller, intitulé le *Camp de Wallenstein*, telles furent les causes premières de la séparation entre la Prusse et nous.

Et cependant, Napoléon répétait depuis 1804 : *La Prusse est trop faible, je veux soutenir, je veux fortifier la Prusse.* A qui demandera-t-on peut-être, avait-il fait cette grave confidence ? A l'ambassadeur autrichien de Cobenzel qui eut soin de la répéter pour attester notre franchise [1].

On buvait dans les banquets publics, dans les réunions privées à sa délivrance et à notre perte. Ceux qui pensèrent à 92, — ils durent être rares alors, — n'en parlaient qu'avec circonspection. L'appel désespéré de l'archiduc Antoine, frère de l'Empereur d'Allemagne, acheva de faire pencher la balance en faveur de l'hôte de Pulawi. Quoique privés de la liberté de la presse, les écrivains et les publicistes devinrent affirmatifs, hardis, inconsidérés, provocateurs. Ils traduisirent avec l'empressement et l'exaspération propre aux feuilles quotidiennes, le sentiment populaire du cabinet aux dernières couches féodales du pays.

Frédéric-Guillaume n'y résista plus et jura sur les cendres de Frédéric II haine éternelle à la France.

Le 3 novembre fut signé le traité de Postdam.

La transaction principale portait que l'Autriche

1. Récit de Bignon en son histoire, t. IV, ch. XXVIII, p. 37.

gagnerait une rectification de frontières de l'A-
dige au Mincio, la restitution de Naples et l'abandon de la Hollande comme de la Suisse. C'était
dire que, victorieux, Napoléon devait souffrir la
rupture de conventions conclues et acceptées lors
du règlement des affaires germaniques. A cet éton-
nant désir, la Prusse joignit la perfidie dans la
médiation. Elle tenta de tromper à la fois la France
et la coalition ; elle recula d'un mois après la rupture des négociations son entrée en campagne, se
fiant au comte d'Haugwitz pour décider de la duplicité de sa conduite finale. *La Hollande lui fut
promise* pour la compenser du Hanovre. On l'arrachait à la France pour la livrer au beau-frère du
Stathouder détrôné ; sa diplomatie commençait
déjà à soutenir que les pays de plat-allemand appartiennent à la famille germanique[1].

L'ethnogénie des trônes a parfois de singulières
théories, lorsqu'il s'agit... de frontières.

L'isolement qui frappa notre ambassade à Berlin
pendant cette période devint un outrage. Duroc
quitta la capitale pour le quartier général. Il excita
l'étonnement de l'Empereur par le récit des bra-

---

1. Les débats du Parlement anglais ont prouvé que le plan
de la troisième coalition existait six mois avant les événements
qui furent donnés comme prétextes de guerre. C'étaient déjà
sei traités de 1815 en projet. Leur inventeur était Pitt !

vades poméraniennes et des satisfactions russes.
Mais Napoléon dédaigna un adversaire aussi mobile, et acceptant tout rendez-vous qui lui serait
donné sur les bords de l'Elbe, il s'élança au-devant
des armées austro-russes.

Austerlitz apprit à la Prusse qu'il est des ser-
ments que brise la victoire.

Le cabinet de Berlin se repentit de ses imprudences de novembre et signa, à Schoker-Crüna,
le 15 décembre, un *traité d'alliance offensive et
défensive* avec la France. Les deux puissances se
garantirent leurs possessions respectives avec
leurs accroissements divers. La subtilité des in-
terprétations n'était plus possible désormais. La
Prusse reçut le Hanovre, prix d'une fidélité que la
France achetait au prix de son sang et que la Maison de Brandebourg gagnait par une politique
équivoque... Dans cette comédie d'intrigues, la
Prusse se surpassa elle-même.

L'acte de Schœnbrunn fut révisé en février 1806,
cette fois avec quelques désavantages territoriaux
à la charge de Frédéric-Guillaume Mais le comte
d'Haugwitz ne croyait pas les acheter trop cher
par une entente profitable à son pays et qu'il jugeait devoir être continue.

Le mépris que ressentit Napoléon pour la Prusse
date de la négociation d'Haugwitz à Paris. C'est à

partir de ce moment qu'il désespéra de s'entendre avec elle sincèrement. Autre point sur lequel il ne se trompait pas, la donation du Hanovre. Cet acte déplorable ne pouvait qu'envenimer notre lutte avec l'Angleterre dont le souverain était prêt à tout sacrifier plutôt que son patrimoine d'origine. Le comprenant, il avait écrit à Talleyrand ceci : *Me laisser maître de faire ma paix avec l'Angleterre*, car Fox venait de prendre le pouvoir. L'Empereur voulait traiter avec lui, rendre à Haugwitz tout ce qu'il tenait de son cabinet. Il faut regretter que ce plan n'ait pas eu de succès.

Le diplomate de la neutralité se trompait dans sa politique. La fortune est inconstante. Le temps allait bientôt venir où ses prévisions les plus chères seraient renversées ; nous savons par quelles causes, nous allons voir à quel prix !

CHAPITRE VI

LA REINE LOUISE AVANT LA GUERRE]

SOMMAIRE

Les duchés de Mecklenbourg. — Strelitz et Schwerin. — Les princesses Louise et Frédérique. — Mariage. — Ovations du pays à la jeune reine. — Son bonheur intime. — Fêtes. — Portrait de Mme Vigée Le Brun.

La Reine Louise naquit à Hanovre en 1776 du duc Charles de Mecklenbourg-Strelitz et de la princesse Frédérique Caroline de Hesse, le 10 mars.

C'est dire que sa patrie d'origine ressemblait physiquement à la patrie d'adoption que les circonstances lui donnèrent. Le duché du Mecklenbourg, partagé entre les deux lignes de Schwérin et de Gustrow au commencement du dix-septième siècle, est situé sur la Baltique qui baigne les côtes des deux pays, sur un développement de 185 kilomètres. Ils sont situés entre la Poméranie au nord-est et à l'est, le Brandebourg au sud, le Schleswig-Holstein et Lubeck à l'ouest. Comme étendue de territoire le Schwérin a 13.346 kilomètres carrés et le Strelitz 2.707. La population étant aujourd'hui de 600 mille habitants pour le premier duché et de 100 mille pour le second, on comprend quelle était leur mince étendue et leur petit nombre d'habitants lors des événements qui nous occupent.

Compris autrefois dans le cercle de Basse Saxe, ils offrent une vaste pleine, sablonneuse et basse, parsemée d'un grand nombre de lacs évalués à quatre cents, riche en forêts, aux gras pâturages ; on y remarque au nord-ouest une série de collines qui délimitent le point du partage entre le bassin de la Baltique et le bassin de l'Elbe. Les côtes sont bordées de digues de sable et de galet, les eaux trop peu profondes pour les postes militaires. En dehors des chevaux, ces contrées peu minières et peu fertiles n'ont eu de tout temps qu'un commerce restreint ; encore s'est-il borné aux produits agricoles chargés, tantôt à Rostock, tantôt à Wismar.

L'organisation politique et administrative, sociale surtout, était féodale. Depuis le *pacte d'union* de 1523, la représentation avait des Etats où se réunissaient les membres de l'ordre séquestre et les mandataires des villes. Tout propriétaire d'une terre noble ou d'une seigneurie était réputé de l'ordre séquestre, souvenir du droit féodal. Etaient

exclus de ces assemblées ceux qui relevaient de la
terre domaniale (domanium) et dont la population
atteignait 250 mille habitants. Les souverains exer-
çaient donc un pouvoir d'autant plus absolu qu'ils
étaient propriétaires du sol ; or, ils en possédaient
personnellement la moitié. Le paysan, ne pouvant
acquérir la terre, était privé du droit de propriété ;
ce droit paraissant essentiellement juste fut reconnu avec le temps et on y obvia par un détour
spécieux, le bail à emphytéose. Les fermes dites
de paysans furent ordinairement tenues en fermes
héréditaires, des maisons furent accordées aux
journaliers à titre d'emphytéose encore ; mais il
y eut aussi des terres ou fermes à temps et des
fermes à emphytéose simple. Les villes seules joui-
rent d'une organisation communale. Tel est l'ensemble des institutions et de la vie sociale du duché où la reine Louise vécut jusqu'à son mariage.

Son jeune frère Charles Frédéric, duc de Stré-
litz, fut élevé à Berlin et servit dans l'armée de sa
sœur ; il se distinguera sous Blücher dont il par-
tagera les passions militaires. La famille comprenait, en outre, trois sœurs.

La princesse leur mère étant morte fort jeune,
la future souveraine qui était son sixième enfant
fut élevée par sa grand'mère maternelle, la land-
grave de Hesse-Darmstadt. Son esprit fut cultivé

avec soin et, comme elle avait une intelligence première réelle, son aïeule en fit une femme distinguée. Jusqu'à l'âge de dix-sept ans, elle vécut loin
du monde à Hildburghausen ; les mariages de ses
deux sœurs aînées lui donnèrent un peu d'ani-
mation. Durant l'hiver de 1793, son père la conduisit à un bal de cour donné à Francfort-sur-le-
Mein par Frédéric-Guillaume II. L'ennemi de la
Révolution française tentait de reprendre Mayence
à Kléber et à Merlin de Thionville pour venger
Valmy et Jemmapes. Entre temps, on dansait aux
quartiers d'hiver du roi qui vivait entouré de ses
deux fils.

L'apparition de la princesse et de sa sœur Frédérique causa une véritable sensation. Gœthe qu
assista à ce bal en parle en ces termes : « L'impression que les deux princesses de Mecklenbourg
ont produite sur moi a été telle que je puis seulement les comparer à deux êtres célestes dont l'apparition a laissé dans mon souvenir une trace que
le temps n'a pas effacée. » La jeune Louise avait
une taille élevée, un front pur, des traits impo-
sants et un regard des plus doux. Le prince royal
très réservé jusqu'alors fut aussitôt captivé ; *son*
frère Louis s'éprit de *la* sœur dont l'ensemble était
peut-être plus délicat. Toutes les deux furent fian-
cées le 24 avril dans l'église de Darmstadt.

La guerre recula les deux mariages et c'est au mois de novembre seulement qu'ils eurent lieu à Berlin.

La capitale commença à l'entrée des deux princesses une série de fêtes publiques. Les deux fiancés les reçurent sous des arcs de triomphe et au son des fanfares ; les rues étaient pavoisées et celle des Tilleuls, célèbre depuis, se distingua par sa démonstration. Le cortège des duchesses fut accueilli par des jeunes filles en robes blanches, portant des branches de verdure; la plus belle fit présent à la future souveraine d'une couronne de myrtes et récita des vers en son honneur. La princesse sautant de la voiture l'embrassa tendrement. La grande maîtresse du palais ne put s'y opposer que trop tard ; à quoi on lui répondit qu'elle recommencerait volontiers.

Berlin vit avec enthousiasme tant de beauté et de jeunesse, de grâce et de séduction. Privée de vraies fêtes où les femmes fussent un ornement que rien ne supplée, ni ne remplace pendant le règne de Frédéric II, la capitale voyait luire des temps nouveaux. A un entourage militaire, à la cour corrompue et dévergondée du souverain actuel on substituait une cour qui promettait la dignité si nécessaire dans les palais des souverains; on sentait que les influences corruptrices des maîtresses

7

en titre allaient disparaître. La morale réapparaissait enfin sur un trône où des consultations théologiques insolentes avaient donné l'exemple le plus funeste : répudiation, divorce, bigamie, un Henri VIII d'Angleterre avec la fureur sanguinaire en moins, peut-être parce qu'elle n'était plus dans les mœurs. La modestie du fils et son amour de l'étude promettaient avec la fiancée de son cœur un avenir d'honnêteté, de plaisirs de cour avouables et de douce gravité dont les jeunes duchesses seraient les fleurs éclatantes. L'avenir souriait à tous car le peuple adorait sa dynastie quoiqu'il n'eût pas toujours bien compris la politique de Frédéric II. Les fêtes le prouvèrent par leur durée.

Les deux mariages furent célébrés ensemble, la veille de Noël 1793. Aux fêtes spéciales succédèrent celles du carnaval de 1794, l'année entière se fût passée en réjouissances publiques si les princes royaux n'avaient préféré la vie bourgeoise qu'ils menaient dans la résidence favorite du futur roi.

Arrêtons-nous un instant sur cet intérieur.

Le prince Louis était beau, élégant, distingué, un charmeur avide de gloire militaire, aimé des femmes et l'idole de l'armée. Trop empressé auprès de sa belle-sœur, il vit le roi soustraire sa femme à toute influence délétère en s'enfermant avec elle à Postdam, puis, après, au château d'Oranienbourg, enfin à Paretz. Le séjour de cet isolement dura 4 années. Le roi futur s'occupait d'agriculture et de pêche, la princesse se livrait à la lecture avec avidité, quoique sans ordre et sans guide ; d'un naturel alors mélancolique, elle trouvait dans la promenade et la musique un complément de satisfaction bourgeoise mais profondément honnête, supérieure en tout cas, aux plaisirs peu moraux de Berlin et aux désordres de la cour.

L'année suivante naquit le gage de tant de tendresses charmantes, le premier fils qui sera un jour Frédéric-Guillaume IV dont la *Correspondance du comte Bunsen* nous a appris le mysticisme religieux et les vues politiques de 1840 à 1860. En 1796, mourait prématurément le mari d'une de ses sœurs, événement tragique pour celle que l'éclat du trône n'éblouissait pas encore. Une autre mort signalait le cours des choses ; la veuve de Frédéric II, toujours humble et toujours repoussée par ce maître impitoyable, de mœurs où la dégradation le dispute aux dernières hontes, s'éteignit à l'âge de quatre-vingt-deux ans. L'estime publique ne parla d'elle que pour la bénir et l'histoire lui sera toujours favorable. En novembre 1797 disparut Frédéric-Guillaume II ; à vingt-et-un ans, la princesse royale devenait Reine, son mari succédait légitimement à son père et les deux époux présentaient comme don d'avènement à leurs peuples un second fils, gage de la perpétuité du trône.

Qu'est-il devenu ?

Ce fils ! nous l'avons connu en 1814, en 1815, en 1870, vengeur posthume des fautes impardonnables de sa mère, sa succession est une nouvelle *Guerre de Cent ans* qui aura lieu cette fois entre la France et l'Allemagne.

Prusse et guerre, ne sont-ce pas deux mots synonymes depuis un siècle !

Après leur deuil, les nouveaux souverains se mirent à parcourir les provinces de leur royaume. Ce voyage fut un long triomphe. De la Poméranie à Dantzick, ils connurent toutes les ivresses de la royauté ; de Kœnigsberg à Breslau, les acclamations succédèrent aux acclamations ; les banquets royaux, les bals, les revues, remplacèrent les incertitudes des batailles et les horreurs de la guerre. Ce voyage eut son retentissement en Allemagne en proie aux ravages des combats où coulait le sang allemand, de Kehl aux portes de Vienne. Il n'y eut pas jusqu'à la Pologne qui ne se signalât, malgré son odieux partage, dans ce concert de magnificences et de dévoûment ! La réception de Varsovie surpassa ce que l'on avait vu et ce que l'on aurait pu attendre surtout. Un bal donné par le comte de Hoyen vit danser la reine dans les beaux jardins du palais Leczinski qu'illuminaient soixante-sept mille lampes, une féerie vénitienne.

L'accueil fut spécialement enthousiaste en Silésie. Devenus les plus patriotes des Prussiens, les habitants de cette province dépassèrent en allégresse ce qu'avaient vu les deux époux. La Reine y reçut du peuple le surnom qui ne la quittera plus, quoi qu'il arrive et quoi qu'elle fasse, de *mère du pays*.

Rentrés dans leur capitale, les souverains y virent accourir les députations des autres provinces, heureuses de promettre à ce jeune trône une fidélité sûre, qui ne s'est jamais démentie. Sur ce royaume planait toujours l'ombre de celui qu'on appelait en Europe Frédéric le Grand, lustre dont rien n'annonçait la fin prématurée. La Reine s'attacha à ceux qui la fêtaient avec ivresse, elle s'attacha à cette gloire, la voulut sienne comme un patrimoine de famille (ce qui l'honorait aux yeux de ses sujets), et se montra aussi patriote qu'eux. Tout n'était-il pas facile à son intelligence, à sa distinction personnelle et à sa beauté fascinatrice?

Le roi était rentré à Berlin avec la volonté de continuer la vie simple, cachée et bourgeoise des débuts de son mariage. Désormais, plus de vie de cour, la Reine obéit. Entourée de deux fils, elle vécut en jeune mère de famille paisible, étrangère aux choses de la politique dont le souverain ne l'entretenait jamais avec une sorte d'affectation jalouse.

Ce qu'était la Reine à cette époque, le comte de Ségur va nous l'apprendre :

« L'un des souvenirs qui me restent de mon
» voyage à Berlin est l'admiration que m'inspira
» la belle et spirituelle reine de Prusse dans une
» audience où, grâce aux impressions laissées par
» mon père, j'eus l'honneur d'être admis seul en
» sa présence. Il me semble voir encore cette prin-
» cesse à demi couchée sur un riche sofa ; un tré-
» pied d'or était près d'elle ; un voile de pourpre
» oriental recouvrait légèrement et laissait aper-
» cevoir sa taille élégante et gracieuse. Il y avait
» dans le son de sa voix une douceur si harmo-
» nieuse, dans ses paroles une séduction si aima-
» ble et si touchante, dans son attitude tant de
» charme et de majesté, que, interdit pendant
» quelques instants, je me crus en présence de
» l'une de ces apparitions dont les récits fabuleux
» des temps antiques nous ont retracé l'image en-
» chanteresse. »

Epouse adorée, elle donna naissance à un troisième enfant ; ses vœux intimes furent comblés, cet enfant était une fille qui deviendra plus tard *Impératrice* de Russie. Le bonheur était donc complet dans la vie privée. Heureuse de tant de dons, fière de son rang mais toujours douce de caractère, elle se montra de nouveau à des sujets qui l'adoraient. Sa popularité en devint plus grande encore ; la maternité l'avait embellie à leurs yeux, son honorabilité les dédommageait des scandales d'une cour, jusqu'alors dissolue, où régnaient par elle la pudeur, la décence et une élégance qui n'était pas factice. Sa beauté n'avait subi aucune suite de tant de fécondité.

Pendant que l'Europe était de nouveau en feu par la volonté détestable de William Pitt, par la prétendue folie de Paul Ier et par l'accession coupable du comte de Cobentzl, on donnait des *tournois* en Prusse. Le vieux château du comte de Hochberg, à Furstenstein, vit renouveler les joûtes des anciens chevaliers. Comme au moyen-âge, un cortège de chevaliers précédés de bannières, revêtus d'armures, célébra la Reine. Chacun la prit pour Dame, hommage ingénieux et charmant d'une noblesse éprise de tant de charmes.

En 1801, la cour, le peuple, le pays entier célébrèrent en une *fête nationale* l'anniversaire de l'avènement à la couronne royale de l'Electeur Frédéric Ier. Que de chemin parcouru ! Pour embellir la cérémonie, on eût dit que la Reine voulait y concourir par toutes les séductions ; un prince na-

quit, dont le fils allait se placer au siècle suivant
parmi les hommes de guerre ; il s'appelait le prince
Charles, père du futur fils du maréchal Frédéric-
Charles. La Prusse ne semblait plus appartenir par
son isolement et son bonheur à l'Europe des batailles, elle dont *la guerre est l'industrie nationale !*

La reine Louise, a dit Gœthe, était descendue
dans la cour de Berlin *comme une apparition
céleste*, ceci explique tout. Le témoignage de cet
homme de génie ne sera pas démenti par d'autres
contemporains.

Pendant dix années d'une paix continue le roi et
la reine goûtèrent tous les bonheurs, leur popularité s'en accrut. Le roi avait les vertus de sa maison : l'économie et le travail ; il était de mœurs sim-
ples, aimait l'armée avec une certaine réserve exté-
rieure. La reine en ceci était tout autre. Elle n'avait
aucune réserve et ce goût, que son mari ne réfréna
pas, devint la source des malheurs de la Prusse.
Elle passait des revues à ses côtés avec l'uniforme du régiment qui portait son nom, illusions
poétiques si l'enivrement du trône et les acclamations des troupes n'eussent troublé son bon sens.

La reine appelait la guerre par contre-coup des
victoires et de la gloire napoléonienne. Le haut
état-major lui en savait gré et l'un de ses membres

l'affirma par une démarche imprudente le 5 mai 1806. Durant une parade militaire, le comte Kalreuth, chef des dragons d'Anspach, demanda directement au roi que son régiment portât le nom de la Reine. L'acquiescement du souverain devait produire la conséquence que l'on sait.

Madame Vigée Le Brun a connu la Reine et a laissé d'elle un portrait qu'on n'a pas le droit d'ignorer ; il était question de la peindre. On peut donc dire que la grande artiste l'a tracé deux fois et par des procédés contraires, à *Postdam*, par le pinceau, dans ses *Souvenirs*, par la plume.

« Je partis ; mais ici ma plume est impuissante
» pour peindre l'impression que j'éprouvai la pre-
» mière fois que je vis cette princesse. Le charme
» de son céleste visage, qui exprimait la bienveil-
» lance, la bonté et dont les traits étaient si régu-
» liers et si fiers ; la beauté de sa taille, de son col,
» de ses bras, l'éblouissante fraîcheur de son teint,
» tout enfin surpassait en elle ce qu'on peut ima-
» giner de plus ravissant. Elle était en grand
» deuil, coiffée avec une couronne d'épis de jais
» noir, ce qui, loin de lui nuire, rendait sa blan-
» cheur éclatante. Il faut avoir vu la reine de Prusse
» pour comprendre comment, à son premier as-
» pect, je restai d'abord comme charmée[1] ».

1. T. II, chap. XXVI, p. 91. (Edit. Charpentier.)

7.

L'artiste nous apprend, par une conversation avec son modèle, que le roi passait la revue *tous les matins* et dès cette année 1801 la souveraine l'accompagnait. Elle crut devoir s'excuser auprès du peintre sur cette singulière coutume, car elle lui dit : *Le roi est bien aise que j'y assiste.* C'est de ce plaisir, qui allait devenir une intrigue et un moyen de gouvernement en 1805, que sortirent les malheurs de 1806. L'amabilité personnelle et la bonté dans la vie privée, le goût des arts, la générosité dans le caractère, tout cela pouvait porter à chérir une femme qui, malgré ses maternités répétées, a inspiré une grande artiste à écrire : « son charmant visage avait seize ans. » Sur ses enfants, elle avouait elle-même : « Ils ne sont pas beaux, » ce qui était vrai et ce qui a fourni plus tard des accusations perfides. Dans les bulletins napoléoniens, on lit des violences de langage qui dépassaient la politique et devaient affecter la femme autant que la souveraine[1]. Les assertions de l'officier polonais interpellé par Vigée Le Brun sont seules vraies : *On écrit tout cela pour égayer les bulletins.*

Une fête merveilleuse fut donnée en 1804, à la reine, à l'époque de l'anniversaire de sa naissance. L'enthousiasme ne suffit plus à son peuple,

1. Dans les *Souvenirs*, ibid., p. 96.

ce fut du délire. Au jour qui termina le bal royal, le dernier peut-être où le bonheur fut complet, une ronde dite la *danse des heures* vint en rehausser la splendeur. Douze jeunes filles effeuillèrent des fleurs sous les pas de la souveraine dont la beauté passait à ses vingt-huit ans pour être sans rivale.

Rivarol lui avait adressé un impromptu dans un bal masqué, assez hardi pour une souveraine, mais on avait fini par tout permettre au second ambassadeur officiel de Louis XVIII. L'écrivain portait un masque en chauve-souris, le front de la reine était étoilé d'un croissant de diamants, lorsque Rivarol se crut autorisé à lui dire le sonnet qu'il a consigné lui-même dans sa lettre du 21 février 1801 à son ami Cappadoce :

> Puisque le sort me fait chauve-souris,
> Je vois en vous le bel astre des nuits.
>   Il faut de sa métamorphose
>   Que chaque être garde le ton ;
>   Car si j'étais un papillon,
>   Je vous prendrais pour une rose.

Dans cette même lettre, Rivarol jugeait avec tact la situation générale. S'il appelait Pitt, le cocher de l'Europe, il déclarait que le cocher verserait. Quant à l'avenir, il le peignait en ces termes : « On est fêté, caressé, applaudi, cité ; mais pas d'autres faveurs. » L'homme qui avait charmé les salons de l'émigration et les cercles des cours n'avait qu'un désir : rentrer dans sa patrie. Nommé à la demande même du marquis de Moustier qu'importunaient les procédés aimables de la reine, Rivarol avait paru à Berlin pour y entraîner tous les cœurs vers les Bourbons qu'il adorait. Le roi et la cabale officielle avaient annulé ses efforts, de là ses résolutions.

CHAPITRE VII

LA COUR DE PRUSSE ET LES BOURBONS

SOMMAIRE

Intrigues de Siéyès avec les Bourbons. — Lettre de la Reine Louise à Fauche-Borel sur la cause des Bourbons. — Le comte Précy sur le génie du Premier Consul. — Pamphlet contre la France publié sous les auspices de la Reine Louise. — Appel à l'armée prussienne. — Intrigues de la Reine avec Fauche-Borel. — Nouveau pamphlet annonçant la guerre, répandu dans l'été de 1806 en Allemagne.

On s'était livré à de singuliers projets sur le rétablissement de la royauté en France, dans le courant de l'année 1796, soit à Vienne, soit à Paris. Il ressort des lettres du futur Louis XVIII au comte de Saint-Priest que Mademoiselle Royale, rendue à la liberté et habitant la cour d'Autriche où on affectait de ne voir en elle qu'une princesse de la famille impériale, devait épouser l'archiduc Charles[1].

1. Lettres XXX et XLIII. On observera que l'Autriche n'avait pas reconnu au Régent son titre royal à cette époque et se réservait.

On aurait considéré l'Alsace et la Lorraine comme formant sa *dot*. Pour comprendre une telle stipulation, il faut se reporter aux illusions et aux espérances aveugles de cette époque dramatique fertile en projets d'ancien régime. La plupart de ces projets étaient inapplicables ou insensés. Mais ce qui paraîtra plus surprenant peut être, c'est l'adhésion de Siéyès à ces projets. On ne peut douter que le futur comte de l'Empire n'ait intrigué en ce sens secrètement avec le baron de Thugut, lorsqu'il vit le gouvernement directorial déconsidéré et prêt à s'écrouler. Siéyès ne se rallia à Bonaparte au 18 brumaire qu'à raison de l'échec du mariage de l'archiduc avec la fille de Marie-Antoinette dont Thugut n'avait plus voulu à raison de la paix.

Depuis la paix de Bâle, la Prusse maintenait sa politique dans le système de la neutralité qui était en parfaite dissonance avec l'état général de l'Europe. On a même avancé, dans des livres favorables à Napoléon, que la *République française* aurait payé la neutralité de ce cabinet et lui aurait servi une rente annuelle de 30 millions. Quoi qu'il en soit, la cour de Berlin n'était pas favorable au futur Louis XVIII. Après son exil de Vérone et son départ des Etats vénitiens, il s'était réfugié dans les Etats allemands.

Une lettre de ce prince raconte qu'il faillit être

assassiné à la fin de 1796. Un coup de fusil lui fut tiré à Dillingen pendant qu'il était à une fenêtre; la blessure ne fut ni mortelle, ni dangereuse.

La petite ville de Blankenbourg, située dans la principauté du duc de Brunswick, avait été choisie par le prétendant comme lieu de séjour. Après le 18 fructidor, le duc déclara que les émigrés et leurs princes devaient quitter son territoire. Cette décision fut une manœuvre de la cour de Prusse.

La reine Louise s'occupait de la politique courante avec suite dès les années premières de son mariage. On en a une preuve par le texte d'une lettre qu'elle écrivit à l'un des principaux agents des Bourbons et qui est datée; aucune négation n'est donc possible soit quant au fond, soit quant à la forme. Elle fut adressée à titre de réponse au libraire Fauche-Borel, sujet de la principauté prussienne de Neufchàtel. Recommandé à cette princesse par son institutrice, l'agent reçut de Postdam l'avis suivant[1] qu'il a publié dans ses *Mémoires*.

« J'ai reçu les intéressantes brochures que vous
» m'avez fait parvenir avec votre lettre du 15 de
» ce mois; leur contenu a déchiré mon cœur. Je
» vous les renverrai aussitôt que j'en aurai fini la
» lecture.

1. Du 17 mai 1798, t. II, ch. xv, p. 198.

» Pour ce qui regarde la demande que vous me
» faites de m'intéresser à vous faire obtenir une
» *audience* du roi, je suis fâchée de vous dire que
» les importantes affaires qui l'occupent actuelle-
» ment ne le permettront pas ; mais si vous vous
» contentez de mettre par écrit, dans une lettre
» adressée au roi, ce que vous avez à lui dire, je
» vous promets que personne au monde n'en sera
» instruit que lui seul.

» Au reste, je suis toujours votre affectionnée
» Reine.

« LOUISE. »

On craignait de soulever par une entrevue les
récriminations de Siéyès comme ambassadeur et
comme fauteur de projets constitutionnels [1]. Lié
intimement avec le duc de Brunswick, confident
du comte Haugwitz qui trahissait les mandataires
des Bourbons par ordre de son maître, Sièyès joua
un double jeu, gagna la dignité de Directeur, intrigua partout et fut aussi coupable au fond que
Pichegru.

Fauche-Borel raconte avec insistance que Siéyès
mit en garde Bonaparte contre Barras, qu'il lui ré-
véla tout ce qu'il avait appris par Haugwitz sur *la*

1. Les lettres intimes de Rivarol le prouvent avec une autorité absolue. — *Rivarol et la société française pendant la Révolution et l'Emigration*, par M. de Lescure.

négociation secrète avec les Bourbons, que Barras fut regardé comme un parjure dont l'ambition composait avec les ennemis de la République. C'est sur cette connaissance des faits que Bonaparte devait se fonder pour agir au 18 brumaire ainsi qu'il le fit [1]. L'entrevue avec M. de Guérin et avec Botot prouve bien qu'il était déterminé dès le premier jour à être l'adversaire des Bourbons, à n'accepter jamais le rôle d'un Monck et à régner avec l'appui moral des cours qu'il se proposait de gagner à sa cause [2]. La Prusse se distingua dans l'opposition à l'ancienne dynastie autant par une cupidité traditionnelle chez elle que par un intérêt religieux que les événements ont dévoilé plus tard : *la Papauté protestante* en Allemagne exercée par les Hohenzollern [3].

A l'avènement du Consulat, les émigrés comprirent mieux l'avenir. Un mémoire du général

1. T. II, ch. xvii, p. 328.

2. Dès la fin de 1797, on entendait couramment les soldats en campagne s'écrier : *Au diable, la République.* Bonaparte ne l'ignorait pas et les laissait dire, heureux de ces violences.

3. Le mari de la Reine Louise fondait une église Evangélique sur le Capitole, à *Rome*, en 1817, sous le prétexte d'établir une simple chapelle dans sa Légation.

Son fils en fondait une autre sur la montagne de Sion, à *Jérusalem*, en 1840.

Qui oserait prétendre que ces deux actes ne sont pas les conséquences d'une politique étudiée ?

Précy sur la situation remis par lui le 15 novembre 1800 le témoigne. On y peint le nouveau souverain tel qu'il était, ordonnant une réorganisation de la France et la surveillant dans son exécution ; traitant avec les jacobins, surtout ceux qui avaient montré des talents ; ruinant ainsi cette secte ; dédaignant les autres consuls ; promettant à la masse qui le désire *le retour du trône et de l'autel* même par l'autorité d'un *usurpateur;* le rédacteur ajoutait : *Il est le chef de la nation* par ses talents ; mais il croyait à sa chute prochaine, témoignage donné à l'esprit de parti qui perd rarement l'occasion de raisonner dans l'erreur.

Chassé de Mittau en plein hiver, par ordre de Paul Ier, Louis XVIII comprit bientôt la portée du traité de Lunéville dont les stipulations jetèrent les bases du blocus continental. Persuadé par les agents anglais et par les siens que la royauté serait favorablement accueillie, le chef de l'ancienne dynastie approuva les conspirations célèbres du Consulat ; plusieurs de leurs auteurs payèrent leur audace de leur vie ou de leur liberté [1]. Fauche-Borel, trahi par l'ami qui lui avait donné asile, fut emprisonné au Temple. Sa captivité prit fin en

1. Le 18 avril 1801, Bonaparte fit publier au *Moniteur* une série de papiers saisis chez les émigrés ou les conspirateurs arrêtés. On lit dans un de ces documents, lettre du comte de

1805 sur l'intervention diplomatique de son cabinet. Il se rendit aussitôt à Berlin où Lombard l'accueillit mal ; son entrevue avec le roi lui fit obtenir les grâces de sa cour.

Présenté à la reine, il fut loué de sa constance à servir celui que le roi de Prusse appelait dans l'intimité *le roi de France* alors qu'il désignait Napoléon par ces mots à retenir : *le Gouvernement français*. Invité à fonder un établissement dans la capitale, il reçut de la souveraine l'assurance suivante : « Oui, M. Fauche, nous vous aiderons, vous ferez bien vos affaires ici ; nous vous aiderons. »

L'attitude du roi dans l'affaire du duc d'Enghien est absolument instructive [1]. Notre représentant, Laforêt, écrivait en date du 4 mars à Talleyrand que les attentats criminels de l'Angleterre avaient indigné Frédéric-Guillaume dans son estime et son attachement pour Bonaparte. Après l'exécution, d'Haugwitz était aussi explicite et réitérait par ordre les assurances qu'il avait fournies au nom de

Lille à Pichegru, les flatteries suivantes à l'ardesse de ce pitoyable général en chef : « Vous avez su allier la bravoure du maréchal de *Saxe* au désintéressement de M. de *Turenne* et à la modestie de M. de *Catinat*. » Ce que c'est que l'exil !

1. Voir *l'Europe et l'exécution du duc d'Enghien* dans la *Revue de la société des études historiques*, n° 2, 1890, par M. Velschinger.

son souverain. Celui-ci désirait que le premier Consul « déracinât l'horrible combinaison acharnée contre sa personne et son gouvernement ». On se félicitait de la saisie des papiers du malheureux prince à la cour de Prusse, sauf dans le parti anglais auquel appartenait la reine. « La fureur, écrivait notre ministre, a été à son comble dans les coteries anglaises. » Mais en 1806, un *manifeste* prussien heureux de venger le silence de la *Gazette royale de Berlin* en 1804 trouvait un grief de guerre dans ce procès [1], revanche tardive des compliments adressés à Louis XVIII de n'avoir pas trempé dans les attentats divisés contre Bonaparte.

Au début de la guerre issue de la troisième coalition, l'actif d'Antraigues chercha à réveiller l'esprit militaire de la Prusse par une publication spéciale sur le conseil du parti anti-français. Il publia chez l'imprimeur du roi le *Fragment du XVIII livre de Polybe* dont Fauche-Borel a écrit:

« Soutenu secrètement par le baron de Harden-
» berg et par la reine elle-même, j'obtins de lui

---

1. Il y était dit: « L'indépendance du territoire allemand a été violée au sein de la paix d'une manière outrageante pour l'honneur de la nation. Les Allemands n'ont pas vengé la mort du duc d'Enghien, mais jamais le souvenir de ce forfait ne s'effacera parmi eux.

» (Decker) qu'il se chargerait de l'impression de
» cette production guerroyante en dépit de l'in-
» fluence du parti français, qui, prenant le mas-
» que prussien, défendait le maintien du système
» pacifique. Jamais aucune publication de circons-
» tance n'avait eu, en Allemagne, un débit aussi
» rapide, ni un succès aussi prodigieux. La sensa-
» tion qu'elle produisit devint le thermomètre des
» sentiments nationaux de la Prusse et dès lors
» on ne douta plus que cette monarchie ne fût en-
» traînée dans la ligue européenne [1]. »

Il ne faut pas s'étonner qu'après Austerslitz, Napoléon ait demandé l'éloignement de l'éditeur devenu un politique dangereux. Ce fut ce qui se produisit à la paix. Mais la reine veillait sur Fauche-Borel ; il l'a déclaré lui-même. Il partit pour Lunebourg de peur d'être enlevé. Notre diplomatie avait appris qu'il avait remis au comte de Nowosiltzoff, ambassadeur de Russie à Berlin, une série

---

1. T. III, ch. XVII, p. 217. — Au chapitre XX, Fauche a justifié le *Procès de Moreau* par Bonaparte, à l'occasion de sa propre arrestation.

« J'appréhendais, dit-il, qu'on n'eût trouvé dans ses papiers les lettres patentes *originales du roi*, que je lui avais remises au mois de juin 1802. »

Comment se fait-il que M. Lanfrey ait ignoré cet aveu, qui suffit à lui seul pour légitimer le procès de l'illustre général ? Comment Thiers a-t-il gardé le silence de son côté sur le même objet !

de *notes* où il relatait les Instructions qu'il avait reçues du général Moreau pendant son séjour au Temple.

Veut-on un autre témoignage des passions de la reine Louise, le voici dans l'exposé de la future guerre tel que l'expliquait le comte d'Antraigues à Dresde. C'est encore Fauche-Borel qui en a conservé la teneur.

« Sans le concours loyal de la Prusse, disait-il,
» on ne parviendrait point à ébranler le colosse;
» mais le cabinet de Berlin est encore plus divisé
» que celui de Vienne. L'élite de l'armée et de la
» cour présente les symptômes d'une sorte de lé-
» thargie et de décadence morale, fatale aux na-
» tions; mais on trouvera de grandes ressources
» dans le fond de la nation et de l'armée prus-
» sienne. Que ne pourrait d'ailleurs cette reine
» adorable, compagne inséparable d'un roi plein
» de courage et de vertus! Dans une monarchie
» comme la Prusse, un roi tel que Frédéric-Guil-
» laume III, si digne d'occuper le trône, ne saurait
» marcher longtemps dans de fausses voies, ni
» être longtemps égaré par son amour pour la
» paix.... »

Nul ne doute que l'armée prussienne fût entrée en ligne au début de 1806 si la bataille d'Austerlitz n'eût fait crouler la coalition européenne par l'importance de cette victoire. Personnellement, la reine Louise désirait l'entrée de son royaume dans la triple alliance et le rétablissement des Bourbons. Elle favorisait celui de ses sujets qui était en Prusse l'agent très actif et public des princes. Ce dernier l'a reconnu en termes formels : On soupçonnait, dit-il, que la reine m'aidait de sa puissance ; en effet, c'était par elle que j'avais pu réussir dans la mission que m'avait donnée Louis XVIII[1]. Par une contradiction apparente seulement, Frédéric Guillaume avait obligé son protégé secret à quitter Varsovie et lui avait interdit le retour dans ses États. Ceci s'adressait à Napoléon officiellement ; mais dans la pratique de sa diplomatie occulte, il cherchait l'écrasement de la France par l'activité fébrile de ses ennemis directement protégés par la reine.

Qu'importait au fond que Louis XVIII dût rentrer à Mittau par un second exil ! Ne préparait-on pas sa rentrée dans sa capitale, lorsqu'on parlait dans des *notes* secrètes, dès le 5 juillet 1805, du renversement de l'usurpateur du gouvernement de la France ? Napoléon, dans sa toute-puissance, n'était-il pas destiné à une chûte absolue, lorsqu'au moment où on traitait avec lui on déclarait dans les chancelleries que son *existence politique* de-

1. T. III, ch. XXI, p. 232 des *Mémoires* de Fauche-Borel.

vait être reconnue *incompatible avec la sûreté de l'Europe*? Le Hanovre à cette date n'était guère incompatible avec la sûreté de la Prusse. Les termes qu'on vient de lire devaient se retrouver en 1814 et en 1815 sous la plume des rédacteurs des protocoles qui se les approprièrent. Or, elles émanent du comte de Moustier, ministre de Louis XVIII à Berlin, elles dirigeaient la politique de ce cabinet et inspiraient les passions d'une reine que trop d'admirateurs appelaient *la plus belle des reines!*

La cour de Prusse pensait avec Fauche-Borel que *si Bonaparte éprouvait un seul revers en Allemagne*, il lui serait bien difficile de rentrer à Paris!

Lorsque les événements de 1806 se précipitèrent, un pamphlet fut répandu sur l'affaire d'Anspach; les conseillers du roi, on les déclara perfides, on leur reprocha d'avoir entraîné le successeur du grand Frédéric dans des démarches dont l'injustice égalait la honte et on les accusa d'avoir environné leur souverain de pièges! On leur reprocha d'avoir trafiqué de leur influence, c'est-à-dire de s'être vendus à Napoléon pour une somme d'argent indéterminée, et on demanda leur châtiment sous peine de commettre en leur faisant grâce une *scandaleuse impunité*.

Un fragment du pamphlet est à citer ; il dira tout haut ce que pensait la reine Louise dans le *cercle de la cour* ; il apprendra sans contestation possible l'usage habituel de sa puissance, la limite de son influence, le peu de douleur qu'il faut concevoir au spectacle de ses infortunes, les pièges réels que sa duplicité a tendus de 1800 à 1805 à notre diplomatie ; on y lira les espérances auxquelles elle se livrait avec ses confidents prussiens comme celles qu'elle livrait aux agents des Bourbons, le jour où elle traitait avec Napoléon.

Le lecteur laissera de côté le style déclamatoire de cet appel à la guerre si peu déguisé pour ne voir que les idées qu'il exprime.

« Le moment s'approche, l'heure va sonner où
» il n'y aura plus sur le continent que *des escla-*
» *ves devenus le patrimoine de la famille d'un*
» *Corse !* L'Europe sera divisée entre ceux qui
» souffrirent la plus exécrable des servitudes et
» des tyrans subalternes qui auront intérêt à la
» faire supporter. Bientôt, il ne restera à la Prusse
» qu'un instant à délibérer, qu'un moyen de sa-
» lut, qu'un seul parti à prendre, si elle veut éloi-
» gner d'elle l'ignominie de la flétrissante pré-
» pondérance de Bonaparte. Voilà où l'ont conduite
» des hommes obscurs et puissants qui, depuis
» dix ans, règnent dans le cabinet du roi et li-

» vrent le premier ministère à leur agent ou plu-
» tôt à leur *complice*.

» A l'aspect de ce qu'éprouve aujourd'hui la
» Prusse, on se demande s'il est donc vrai que le
» grand Frédéric soit mort tout entier.

» Il vit tout entier dans cette *armée* qu'il créa,
» que vivifia son génie, qu'anime sa grande âme.
» Voilà les *enfants* qu'il a laissés à la Prusse ; voilà
» les *défenseurs* qu'il laisse à l'Allemagne ; voilà
» l'*héritage* qu'il lègue à l'Europe.

» Quel noble esprit anime cette brave armée !
» C'est là qu'on retrouve les vestiges de Frédéric le
» Grand ; c'est là qu'il est permis de croire que
» Frédéric sera immortel puisque ses braves *lé-*
» *gions* se chargent de conserver son héritage et
» de défendre sa mémoire.

» Tel est aujourd'hui l'unique espoir de l'Al-
» lemagne, l'unique moyen de salut pour la
» Prusse[1].»

Peut-on continuer de parler de provocation chez
Napoléon après un tel pamphlet qui fut répandu
par centaines de mille brochures dans toute l'Allemagne et dans toutes les capitales de l'Europe?
L'état d'esprit de la reine Louise, le voilà en son
entier.

Il faut ajouter à ces exaltations les trois lettres

1. *Mémoires* de Fauche-Borel, t. III, chap. XXII, p. 279.

sur la Prusse écrites par Dumouriez[1]. Le général
traître à son pays s'était rendu sur le continent à
l'appel de la 3ᵉ coalition qui le pensionnait. Austerlitz l'ayant contraint à se cacher, il s'était enfui
en Prusse chez les frères Moraves de Silésie et
avait rédigé dans cet exil que protégeait Berlin
les lettres dont on parle. Un ami sûr les envoya à
la reine Louise, qui les reçut tard, quelques jours
avant les hostilités de 1806.

1. *Ibid.*, t. III, chap. xxii, le texte complet de la 3ᵉ lettre
p. 288 et p. 297 sur la reine.

CHAPITRE VIII

PRÉLIMINAIRES DE LA GUERRE A LA COUR DE PRUSSE

SOMMAIRE

Etat de la cour après Frédéric II. — Aveux de l'historien allemand Philippson. — Protestation de Fox contre Frédéric-Guillaume III sur Anspach. — Intrigues du parti de la cour. — Propos inconvenants de militaires français. — Organisation fédérative de l'Allemagne du Nord. — Exposé et discussion des griefs prussiens par Bignon. — Déchainements de la cour et de l'opinion à Berlin. — Sommation.

Il n'est pas de puissance en Europe qui soit constituée en mosaïque mieux que la Prusse; elle est l'œuvre d'un homme de génie [1], Frédéric II. Il emporta avec lui en 1786 le secret de faire vivre l'Etat qu'il avait créé parce qu'il avait traité ses ministres en commis. Toute initiative politique et

1. Nous conseillons à ceux qui aiment l'histoire étudiée aux grandes sources l'ouvrage publié en 1883 par le duc de Broglie sur ce souverain, qui eut le courage de regarder la France en face et la voyant en train de pourrir sous l'adultère de bas étage crut le moment venu de lui faire expier la gloire de Louis XIV, les crimes de Louvois et la revanche des blessures allemandes. Ce travail est intitulé: *Frédéric II et Marie-Thérèse.*

militaire ayant été vue par lui avec effroi et répri-
mée, il avait abaissé les caractères des classes dirigeantes et par elles les autres. Ce sceptique im-
moral, ce railleur impitoyable laissa le vide après
lui, car en détruisant les caractères il avait brisé
la dignité de tous. Sa mort avait été accueillie
avec joie ; pas une larme, pas un regret, s'écriait
Mirabeau ; bien plus, pas un éloge. Une société
dont le futur lord Malmesbury disait : « Berlin est
une ville où, si l'on veut traduire *fortis* par honnête, on peut dire qu'il n'y a ni *vir fortis*, *ni femina
casta*. » A ce jugement du diplomate anglais, il
faut joindre cet autre sur la probité et le patriotisme prussien qui émane de Mirabeau : « Je mets
en fait qu'avec mille louis on pourrait au besoin
connaître parfaitement tous les secrets du cabinet
de Berlin ». Voilà ce qu'était devenue en 1788 cette
monarchie qui avait tellement gouverné l'Europe
grâce à Louis XV qu'on l'avait donnée comme l'arbitre supérieur. « La Prusse, ajoutait l'observateur de génie au début de son ambassade occulte,
est aujourd'hui sur le continent le pivot de la paix

Ils y liront un portrait de lui, magnifique et complet. Mais ils
devront y joindre celui du cardinal de Fleury, ce prêtre sans
talent et sans naissance, sorti d'une *sacristie* pour n'aimer dans
la direction des affaires que *l'encensoir*. C'est avec cet incapable
que la France perdit son empire colonial et que Dupleix fut
couvert d'opprobre.

8.

ou de la guerre ». Cet effort immense se rompit par son excès. Les déportements, la débauche, l'inquisition gouvernementale et la prépondérance des sectes philosophiques devaient conduire la Prusse à la dissolution morale, fruit d'une présomption qui était inexplicable.

La paix de 1795 retarda l'écroûlement, mais les principes n'en agissaient pas moins dans l'ombre. Un historien allemand l'a très bien reconnu; voici son aveu, il prouve que Mirabeau avait vu vrai et prédit les folies de 1805 à 1806 aussi bien qu'une chute comparable à celle de la Suède.

« Dans l'armée, le caprice, la présomption, l'é-
» goïsme, nul esprit de sacrifice, nul dévoûement
» au roi et à la patrie; dans l'administration, la
» brigue, l'indolence, la routine, la jalousie, peu
» d'aptitude, moins de zèle encore; dans les classes
» supérieures le désir des jouissances et la haine
» des efforts; un esprit qui dogmatisait, tranchait
» de haut et critiquait toutes choses sans aucune
» force de volonté ou de pensée, voilà où en était la
» Prusse à la fin du dix-huitième siècle. La haute
» discipline qui l'avait placée à un rang si élevé
» avait disparu dans le gouvernement et dans la
» nation. Il restait sans doute dans la nation beau-
» coup de forces et de grandes ressources, mais
» elles étaient vaines sous le gouvernement d'une

» bande d'intrigants sans conscience, de miséra-
» bles médiocrités, de débauchés vaniteux [1]. »

Comment l'État prussien en était-il venu là ? Par les défauts de Frédéric-Guillaume II ; ce prince était fait d'incertitudes dans le caractère et d'avarice, âpre au gain et dans ses engagements d'une foi punique. Ceci n'était que la tradition héréditaire des Brandebourg, du premier au dernier. Ils avaient commencé par voler une province pour s'organiser, ils arrivèrent devant la France de 1792 avec la Pologne dans la poche. Après avoir prêché contre la première la guerre sainte des couronnes, ils avaient pactisé avec elle, heureux de s'en tirer *avec un œil poché*, mot piquant de son souverain. Associés plus tard à la Révolution, ils avaient capitulé devant elle et un historien français qui les connaît admirablement a écrit de cette puissance qu'elle s'était associée au démembrement de l'Allemagne en faveur de son ambition personnelle, insatiable ; enfin, elle avait joint toute la *perfidie* de Frédéric II à l'*hypocrisie* des Machiavels autrichiens [2].

1. Philippson, dans ses *Geschichte des preussischen staatswesens*, publiés à Leipzig en 1880, citation de M. Sorel sur la décadence de la Prusse.

2. Opinion de M. A. Sorel, membre de l'Institut, secrétaire général du Sénat, dans son article : *La décadence de la Prusse après Frédéric II.*

Interprète du sentiment de l'Angleterre, Fox lança contre le cabinet de Berlin cette apostrophe :

« Nous ne pouvons, messieurs, contempler sans
» pitié et sans mépris une grande puissance qui
» annonce que, sans combat et sans résistance,
» elle s'est trouvée réduite à la nécessité dégra-
» dante de céder des provinces qu'on appelait *le
» berceau de sa maison royale.* L'ignominie de
» cette cession ressort encore davantage lorsqu'on
» voit les habitants d'Anspach supplier leur sou-
» verain de ne pas les abandonner... C'est la réu-
» nion de tout ce que la servilité a de plus mépri-
» sable et la rapacité de plus odieux... Le roi de
» Prusse dira-t-il maintenant que cette conven-
» tion lui fut arrachée par la peur et qu'il y était
» forcé ? Ce serait un très grand malheur s'il eût
» été contraint à cette nécessité. Mais a-t-il com-
» battu pour garder Anspach ? et ne l'a-t-il pas
» cédé honteusement à la première sommation,
» acceptant pour dédommagement un pays qui
» appartient à un tiers avec lequel il était ami de
» temps immémorial par les liens qui, dans tous
» les temps et dans tous les pays, imposent des
» égards et attachent les nations ? Il n'est pas pos-
» sible de s'être soumis d'une manière plus mé-
» prisable à un tel état de vasselage. Tout le monde

» a entendu parler des insultes que la Prusse a
» reçues des Français depuis qu'elle est soumise à
» leur joug[1]. Ses villes ont été occupées par leurs
» troupes, ses remontrances ont été méprisées ;
» enfin, elle a été traitée avec aussi peu de respect
» qu'elle le mérite. Il semble que les Français se
» soient chargés de la justice de l'Europe et qu'ils
» regardent la Prusse comme une puissance avec
» laquelle il est impossible d'avoir un traité sur
» lequel on puisse compter ! A cet égard, je crois
» qu'ils ont raison ! ».

Nulle vitupération ne pouvait être plus sanglante.

Deux *négociations* ont marqué l'année 1806 :
celles de son cabinet avec l'Angleterre et celles
avec la Russie.

Irritée de ses tergiversations, la première de
ces puissances publia ses dépêches ; la campagne
de Pologne apprit la funeste entente avec la seconde par l'hécatombe d'Eylau.

Eh bien, au début de cette période il se trouvait
que l'Angleterre traitait par Fox avec nous et la
Russie par son ambassadeur d'Oubril. Le roi de

---

1. Il ne faut pas oublier que c'est un Anglais qui parle et qu'il
reproche à son adversaire d'avoir abandonné la coalition après
en avoir accepté de larges subsides. Si Fox tenait ce langage
quel eût été celui de Pitt ?

Prusse le savait, sans connaître l'esprit ou le texte des stipulations en discussion. Or, il ne voulait pas le paraître et il lui fallait répondre aux questions de ses conseillers ou à celles de ses ministres. Si on ajoute les personnages de la cour, on conçoit ses embarras. Il en vint aux angoisses lorsqu'il apprit par Lucchesini que la coalition allait être dissoute ; il comprit trop tard que son isolement était possible. Qu'adviendrait-il alors ? Nul ne pouvait s'intéresser à lui ; il perdrait donc le Hanovre, gage de la paix maritime. Nos alliés le disaient partout, spécialement l'ambassadeur d'Espagne accrédité près de lui et dont l'indépendance de langage dépassait les formalités usitées.

Les bruits les plus faux étaient mis en avant par le parti de la cour et par les membres du corps diplomatique lui-même heureux de railler, heureux d'insulter en ayant les apparences de l'intérêt comme de l'amitié ; on s'y vengeait ainsi du génie qui gouvernait la France et des défaites essuyées par la nation qu'on représentait.

Ce qui donnait une apparence de sincérité à des assertions dénuées de preuves, c'étaient les propos tout aussi compromettants tenus à la cour de Murat, grand-duc de Berg, auquel d'anciens compagnons d'armes promettaient un trône en Westphalie [1]. Les états-majors cantonnés en Hesse, en Franconie, en Souabe, étaient aussi loquaces. Pour des soldats qui avaient vu le Caire, Rome et Vienne, parler jusqu'à l'extravagance importait peu. N'était-on pas aux portes de la Prusse où s'étalait l'insolente colonne de Rosbach? Que penser du prince de Ponte-Corvo exposant des plans au public et d'Augereau annonçant à sa table, en soudard pris de vin, la future guerre avec la Prusse?

Lorsque Frédéric-Guillaume apprit par de faux amis ou des zélés ces propos de caserne, il n'avait qu'à s'en plaindre au cabinet des Tuileries et Berthier y eût mis aussitôt bon ordre avec un mot du maître. Mais on ne doit pas oublier, d'un autre côté, que les militaires de Berlin se permettaient au palais de la Légation de France autre chose que de vaines paroles; ils allaient aiguiser leurs sabres journellement, sur les bornes et sur le perron de l'hôtel du ministre, lequel dut l'annoncer à son maître. On le voit, des deux côtés des excès indi-

1. Le 18 février 1806, l'Empereur prit une décision qu'il importe de rappeler sur son titre et dont sa correspondance porte e témoignage. Le nom de *Napoléon* devint, à partir de cette date, celui de toute sa famille. Il en donna l'ordre à son frère aîné, en termes formels.

Il faut intituler vos actes Joseph Napoléon ; *il est inutile de mettre* Bonaparte.

quant une soldatesque prête à en venir aux mains. Malheureusement, celle de Prusse savait qu'elle plairait à la reine, elle n'agissait que poussée par les princes, notamment le prince Louis.

Placé entre ces deux courants, Frédéric-Guillaume ne sut pas prendre un parti, ni imposer silence. Son premier ministre était en butte aux soupçons fort injustes de l'opinion, aux colères de Stein, aux invectives de ses collègues et aux brutalités du général Ruchell.

Et la souveraine dira-t-on? Désespérée du sort de sa sœur, la princesse de la Tour et Taxis, qui venait de perdre sa principauté par la *médiatisation*, elle gardait un silence bien surprenant chez cette vive personne et il n'en fallait augurer rien de bon. Ses colères antérieures laissaient comprendre ce qu'elle devait penser des sécularisations; ce qu'elle se promettait de l'avenir si elle parvenait à le diriger; ce qu'elle exigerait de son mari dans l'effusion de ses tendresses et ce qu'elle obtiendrait de la cour par l'ascendant de son esprit particulier ou par le charme de ses grâces. Tous ces dons, elle devait en faire le plus pernicieux usage; à Tilsitt même, elle dépassera les règles de la prudence dans un appel à la gloire de Frédéric II, celui des Souverains qui a le plus trompé notre pays.

Les deux directeurs de la politique, le souverain et d'Haugwitz, s'appliquaient à créer un succès qui aurait raison de l'état surexcité de tous. Ils s'efforçaient d'organiser la *Confédération de l'Allemagne du Nord* offerte depuis 1795 à leur ambition, et qu'ils avaient toujours négligée. L'entreprise n'était plus aussi facile en 1806 ; en présence de la *Confédération du Rhin*, ils avaient raison de se hâter ; mais leur gouvernement avait donné trop de preuves éclatantes de sa cupidité territoriale pour qu'il fût possible d'arriver au succès. Partout on avait trompé, au dedans de l'Allemagne plus encore qu'au dehors. Les derniers démembrements n'étaient pas des encouragements. Aussi, vit-on la Saxe rejeter leur proposition ; le duc de Hesse qui avait contre eux le grief injuste de l'agrandissement accordé au prince de Nassau-Orange et contre nous le refus de l'accueillir parmi nos confédérés, inventa contre Napoléon des injures atroces, les répéta à Berlin. L'empereur fut accusé de *trahison*, et sa parole taxée de mensonge. Le marquis de Lucchesini, vivant avec les ennemis du gouvernement français, commit une autre méprise sur la promesse de restitution du Hanovre ; il se crut perdu si sa cour se détournait de notre alliance où, par une conduite ambiguë, il paraissait être notre partisan.

9

Un contemporain va exposer la situation avec l'autorité de sa fonction diplomatique à cette époque.

« Un incident particulier, raconte-t-il, amène des
» ouvertures de paix entre la France et l'Angle-
» terre. Pour préalable à toute *négociation*, l'An-
» gleterre pose en principe la restitution du Ha-
» novre à Sa Majesté Britannique. Avant même
» que la négociation soit entamée, faut-il que le
» gouvernement français la termine par le *rejet*
» *absolu* de cette demande? Plus d'une autre dif-
» ficulté existe entre les deux puissances. Cepen-
» dant, un jour ou l'autre, il faudra bien que la
» guerre ait un *terme*. Pour préparer la paix, pour
» en avancer l'époque, il importe de savoir quels
» sont les points principaux qui s'opposent à un
» rapprochement, quels sont les obstacles suscep-
» tibles d'être levés et ceux qui sont invincibles.
» Si l'on veut obtenir cette connaissance, il faut,
» de part et d'autre, énoncer des vues, articuler
» des prétentions. La France admet le principe
» voulu par l'Angleterre et elle négocie.
    (Suivent les griefs de la Prusse)....

» D'abord, on négocie ; mais est-il certain que
» la paix doive être conclue? Cette certitude existe
» si peu que *la négociation échouera ;* mais si on
» était tombé d'accord sur le reste, qui peut répon-

» dre que la concession relative au Hanovre eût
» été définitive? Admettons-la telle, si l'on veut,
» dans la pensée de Napoléon. Son crime envers
» la Prusse est donc un *crime hypothétique, éven-*
» *tuel?* Ce crime a été commis intentionnelle-
» ment, soit; mais enfin *il ne se réalise pas.* Est-
» ce là un motif suffisant de guerre? Si la France
» a pu juger que la violation de l'alliance ne lui
» produirait aucun avantage, peut-être est-ce une
» raison pour qu'elle s'y tienne plus fermement à
» l'avenir.

» Une autre objection s'élève (avertir la Prusse).
» .... A la rigueur, et selon les règles de la probité
» privée, il semble que le gouvernement français
» eût pu être astreint à cette marche. Cependant,
» même dans le système d'une délicatesse si rare
» en politique, est-il bien constant que l'on dût sou-
» lever une question difficile peut-être, sans aucune
» nécessité puisqu'il se pouvait, et c'est ce qui a
» eu lieu, que la négociation avec l'Angleterre se
» rompît par d'autres excuses? Le gouvernement
» français ne pensa pas ainsi. *Il crut devoir s'abs-*
» *tenir de se créer gratuitement des embarras*
» *à Berlin avant d'être assuré de s'entendre sur*
» *les autres objets en discussion avec la cour de*
» *Londres.* Il trouva que c'était assez d'un débat
» à la fois; il laissa ignorer au cabinet prussien la

» concession qu'il faisait au ministère britanni-
» que ; il entretint la sécurité de ce cabinet en af-
» fectant au contraire de ne pas fléchir sur la ques-
» tion du Hanovre et lorsque, plus tard, la dissi-
» mulation sera devenue inutile, il tâchera de la
» justifier en alléguant avec vérité que ce n'était
» pas là le seul point qui formât empêchement à
» la conciliation de l'Angleterre et de la France.
» Dans cet état de choses, Napoléon était-il volon-
» lontairement hostile pour la cour de Berlin? Non.
» Il n'y a pas en lui volonté malveillante ; il y a
» gêne de position et une alternative véritable-
» ment embarrassante. *Doit-il subordonner l'in-
» térêt de la Prusse à la paix avec l'Angleterre
» ou la paix avec l'Angleterre à l'intérêt de la
» Prusse*. Là est toute la question, et encore il y
» ici une distinction à faire. Il ne s'agit pas pour
» la Prusse d'un intérêt absolu, mais d'un *intérêt
» relatif.* Pour cette puissance assurément, ce sera
» un malheur de perdre le Hanovre ; mais cette
» perte peut avoir un adoucissement et il est dans
» l'*intention* du gouvernement français de lui
» procurer en ce genre toutes les *satisfactions* qui
» dépendent de lui [1]. »

La sage vérité, la voilà ; mais qui donc était sage
à Berlin en 1806? Qui donc l'avait été dans l'hiver

1. *Histoire de France*, par Bignon, t. V, chap. LXII, p. 370.

de 1805? Le traité de Postdam, qui l'avait préparé? Quelles raisons plausibles avait-on eu pour le conclure? Qui avait protesté la main sur le cœur contre son existence? Et c'est cette même cour, c'est cette même reine qui parlaient de *crime* moins d'une année après!

Le ministre de France à Berlin en 1806 est reconnu par tous les historiens pour un modèle. Peut-on supposer qu'il eût passé sous silence ce qui s'organisait sous ses yeux, ce dont il était le témoin, ce que lui racontaient d'autres ministres étrangers, ce que son service de renseignements lui apprenait? La Prusse a-t-elle donc le privilège de n'avoir que des amis? Les cabinets de la coalition représentés dans cette capitale avaient leurs yeux aussi et leur franc parler, celui d'Autriche surtout. Les sources d'information étaient donc nombreuses pour M. de Laforêt et l'expérience a prouvé qu'il n'en a négligé aucune.

Bignon l'a constaté en termes exprès et c'est encore à lui qu'il faut revenir sur cette période, parce que rien ne supplée son œuvre. Or, il déclare que la Prusse était politiquement *un allié froid ou même suspect !* De là, des obligations morales pour l'Empereur de l'engager avec lui, de l'engager étroitement et de le compromettre vis-à-vis de la coalition afin de l'en détacher par un acte qui ne lui permit plus de reculer. De là, des colères chez celui-ci qui égalèrent à un moment la gravité de sa conduite dans l'affaire du Hanovre pris en *dépôt* puis *partie intégrante* de la monarchie des Brandebourg. Napoléon l'apprend, de là sa rétrocession à l'Angleterre pour obtenir la paix du monde. C'est ainsi que les faits s'enchaînent dans la politique. La conséquence à l'égard de la cour est facile à saisir.

« Mais Napoléon a-t-il pu hésiter s'il se figure
» que rien n'est moins solide que l'alliance prus-
» sienne ; qu'à Berlin on la regarde comme une
» chaine qu'on est impatient de rompre ; s'il lui
» revient *de toutes parts* qu'il n'a d'amis dans
» cette cour que très peu de personnes, qu'un seul
» ministre, que le roi et seulement encore en de
» certains jours, à de certaines heures ; que, du
» reste, tout est russe ou anglais ; *que l'esprit qui*
» *en 1805 amena le traité de Postdam domine*
» *entièrement les alentours du trône ;* que la
» Reine est plus que personne animée de cet esprit ;
» que la haine de la gloire de la France, devenue
» la haine de la France même, est une *mode,* une
» frénésie pour la *cour* et la jeunesse de *l'armée?*
» Toutes ces réflexions il les a certainement faites
» et elles pourraient l'affranchir de tout scrupule ;
» mais.... [1] »

1. *Histoire de France,* t. V, ch. LXII, p. 375.

Le premier coupable fut le ministre Lucchesini.

Sa dépêche du 29 juillet arrivée le 5 août jeta l'alarme et celle du 2, arrivée le 9, fit éclater le parti de la reine qui n'en demandait pas tant pour être le tranche-montagne de la situation. Haugwitz, qui voyait dans la province nouvellement acquise les résultats de sa politique personnelle, de son influence à la cour et d'une période de neutralité heureuse, se déchaîna à son tour. Il crut pouvoir détourner toutes les violences en se mettant à la tête des mécontents, moyen sûr de conserver sa situation, d'être triomphant et de tout conduire, alors qu'il était lui-même sous le joug des brouillons comme des violents. L'heure des effervescences folles était venue, les passions populaires allaient se donner un libre cours.

Un conseil politique et militaire présidé par le souverain se réunit à Postdam. L'irritation de ce prince parlant de trahison entraîna les vieux généraux et la mise sur pied de guerre de toute l'armée fut résolue.

Le 10 août, le parti militaire apprit par ses émissaires les difficultés, puis les trames, les trahisons françaises dont la présence de corps de troupes en Souabe, en Franconie, en Westphalie, accentuait les outrages. Les ministres, les personnages de la cour agissant avec la même fureur, la capitale se déchaîna, Napoléon fut accusé de vouloir *ravager* l'Allemagne, Haugwitz reçut le surnom de *traître*, la conduite du ministre après Austerslitz fut taxée de *lâcheté*, on déclara qu'il fallait se défendre ou *mourir*, que les Autrichiens s'étaient montrés *sans énergie*, que les Russes n'avaient *aucune instruction !* Restaient les soldats de Frédéric le Grand ; il leur appartenait de *sauver* l'Europe ! [1]

Le parti de la Reine trouva que ces extravagances militaires et politiques ne suffisaient pas au vrai patriotisme. On n'était allemand, on n'était prussien à leurs yeux que de ce jour. L'alliance avec la France avait été un déshonneur, le véritable intérêt apparaissait enfin, on revenait au sentiment de sa dignité.

Chaque jour, chaque heure, chaque dépêche prouvaient que tout était prêt pour un combat à mort. On était en pleine paix dans les actes officiels, mais l'esprit était déjà aux batailles sanglantes. Averti par les communications de M. de Laforêt, l'Empereur avait enfin compris que ses offres, ses traités et son amitié étaient repoussés et violés.

---

1. On a prêté à la Souveraine ces dangereuses paroles : « Il fallait peut-être un *héritier* du Grand Frédéric pour terrasser celui à qui nul encore n'avait pu résister sur les champs de bataille de l'Europe. »

Aussi quittait-il Paris pour Mayence, le 25 septembre. Talleyrand lui envoya à Bamberg où il les reçut le 7 octobre deux notes dont l'une consistait en une *lettre du roi* Frédéric-Guillaume. L'influence détestable de la reine, en voilà une dernière preuve. La note de cabinet en date du 1ᵉʳ octobre était extravagante, elle signifiait un Ultimatum. La souveraine avait triomphé de son époux, du comte Haugwitz notamment, pleine des souvenirs du traité de Postdam et des hommages du Tzar. L'épée de Frédéric II, Elle entendait s'en servir elle-même dans les camps où elle allait oublier son sexe, sa naissance, sa dignité, son rang, les intérêts vrais de son royaume !

L'ultimatum définissait trois points, il suffit de les énoncer. — 1° Les troupes françaises repasseront le Rhin, toutes sans exception, au moment où répondra l'Empereur ; donc, sur l'heure. — 2° La Confédération du nord ne sera plus combattue par lui. — 3° Négociation immédiate pour rendre à la Prusse les trois abbayes.

On a écrit de ces trois points qu'ils constituaient une *sommation*, et encore comme il n'en avait jamais existé entre les grandes puissances sans négociations préalables ! L'Empereur devait répondre sur le champ, soit le 8 octobre.

Il accepta en ces termes : *On nous donne un*

rendez-vous d'honneur pour le 8, jamais un Français n'y a manqué.

Il annonça sa résolution à l'Europe par son *Bulletin* notification de ses volontés et de sa diplomatie inventée par son génie, moyen dont la politique vraie ne conseillera jamais l'emploi. Les passions seules y trouvent leur compte.

CHAPITRE IX

FAUTES DE LA REINE LOUISE

SOMMAIRE

Tableau de la cour de Berlin, par Bignon, de 1898 à 1°04. — Le *Traité e Postdam*, œuvre de la R ine. — Aveux textuels de Haugwitz sur la duplicité de sa cour. — Scandaleuse conduite de la Reine aux bains de Pyrmont. — Ses responsabilités. — Arrestation du comte Montesquiou, porteur d'une lettre de Napoléon. — Lettre de Néale.

Le système politique allait donc être vaincu par la cour dont une générosité déraisonnable surexcitée par l'envie allait mettre en péril la monarchie. Grâce à sa *neutralité,* la Prusse vivait dans un bonheur parfait depuis 1795 et absolu depuis 1798. Le tableau de cette situation unique en Europe en a été tracé par le baron Bignon en une page qu'il ne faut ni interpréter, ni se contenter de rappeler. Il est nécessaire à notre récit, sur *les responsabilités de la reine* dont il n'a rien ignoré, d'entendre un témoin aussi délicat qui est aussi un maître dans l'art de l'exposition historique et du style.

« Berlin, dit-il, était un asile où s'était réfugiée
» la paix avec les plaisirs qui la suivent. Nulle
» autre cour n'offrait autant d'éclat et surtout au-
» tant de bonheur. Jeune, belle, jalouse de plaire
» et douée de ce degré de coquetterie qui convient
» à une reine, *la femme du roi,* car c'est ainsi
» qu'il la nommait, répandait autour d'elle le
» charme qui accompagne la vertu, la bonté et les
» grâces sur le trône. On n'était occupé qu'à ima-
» giner des amusements nouveaux, à préparer des
» bals, des quadrilles, des scènes dramatiques,
» dans lesquels les jeux et les jouissances de l'es-
» prit se mêlaient au luxe des costumes, à la va-
» riété des danses et à tous les divertissements
» qu'admet une cour élégante et polie. Au milieu
» des étrangers de tous pays qui concouraient à
» ces fêtes, on distinguait les jeunes gens attachés
» à la légation française comme y prenant la part
» la plus active et y portant le tribut accueilli alors
» avec le plus de faveur. Ce riant aspect de la cour
» de Prusse se rembrunit beaucoup en 1804. »

Soudain, l'aspect des choses changea. Les intrigues anglaises, celles des émigrés français auprès
de Louis XVIII, l'art perfide des trames occultes
de Pitt qui ne cessait d'effrayer l'Europe d'une
domination qui n'existait pas, mais que ses calculs

allaient enfanter afin de cacher la domination maritime universelle de son pays, le retentissement de notre réputation dans le monde, la faiblesse des passions humaines, le souvenir du dix-huitième siècle depuis la guerre de la Succession d'Autriche, jusqu'à la paix de Teschen, la gloire de Frédéric II et l'orgueil d'une nationalité enfin acquise — on le croyait — après tant de périls, tels étaient les précurseurs de l'orage. L'envie d'abord, la haine pour conséquence.

La présence de l'empereur Alexandre durant dix jours à Postdam acheva de tout perdre. Napoléon cependant était sincère avec son allié. Seule, l'Angleterre ne l'était à l'égard de personne. Les fureurs populaires, la chute du trône, les horreurs de la guerre, les dévastations qui en sont le cortège obligé, rien ne la touchait que son intérêt, résultat des malheurs d'autrui. Le cabinet des Tuileries estimait, au contraire, que diminuer la Prusse c'était nous affaiblir ; en la frappant, il aurait redouté de perdre un point d'appui dans l'avenir. Une substitution d'Etats ne pouvait lui convenir, la Prusse joignait au mérite d'exister celui d'être ancienne en date dans le droit public. Peut-être il ne l'augmenterait plus, mais il l'indemniserait quant au Hanovre.

L'Angleterre, désirant l'entraîner, avait offert la

Hollande... Et son cabinet dénonçait Napoléon alors qu'il faisait lui-même si bon marché des droits d'un pays dont il prétendait partout que la France absorbait l'indépendance. Il offrit des subsides, parla de neutralité armée après une série de victoires aussi écrasantes qu'inattendues et rapides de notre part et s'arma de Trafalgar, ombre sanglante projetée sur une série de triomphes, pour tout compromettre. Or, Napoléon s'écriait au même moment que *nos triomphes étaient sans exemple dans l'histoire des nations* et cette affirmation de sa proclamation à la Grande Armée, l'histoire la redit.

Livré à lui-même Frédéric-Guillaume III n'aurait pas couru vers les champs de bataille ; il restait fidèle aux *vrais intérêts de son royaume.* L'affaire d'Anspach n'avait pas irrité au delà d'une colère de commande ses prétentions ; c'est son ministre Hardenberg qui, seul, s'était montré insolent pour le général Duroc et pour le ministre de Laforêt, sur les conseils de la souveraine. L'empereur de Russie était alors en villégiature à Puleswy, chez le prince Czartoryski dont la femme le suppliait de prendre le titre de *roi de Pologne.* Complimenté par le maréchal de Kalkreuth qui lui exposait l'impossibilité où était son jeune maître d'accepter une entrevue sur les confins de ses Etats,

Alexandre avait répondu le 23 octobre qu'il se déterminait à aller le voir dans sa capitale. Il y arrivait le 25. Ce que n'avait pu la politique, une affection privée l'obtiendra.

« Le souverain disparaît pour faire place à
» l'homme et l'homme livre la destinée de ses
» Etats à la discrétion d'un ami, comme aux hasards d'une guerre dont les résultats, s'ils sont
» heureux pour la Russie et pour l'Autriche pourraient, par cela seul, n'être rien moins qu'avantageux pour la Prusse. Les mains qui lui sont
» le plus chères concourent à serrer ce lien funeste. *L'exaltation de la reine s'est communiquée à tout ce qui l'entoure.* Le baron d'Hardenberg, entré récemment dans le système français par raison, s'est tout à coup jeté avec l'emportement de la passion dans le système contraire[1]. »

L'Autriche et la Russie ont promis, à leur tour, le Hanovre pour prix de son concours en l'assurant que l'Angleterre le cédera à leurs vœux communs. Ce que dit Bignon, l'histoire l'a confirmé. Une fois à Berlin l'empereur Alexandre, qui était fort séduisant, fit appel à sa distinction personnelle, à son esprit chevaleresque, à ses ressources d'homme du monde pour conquérir la cour prussienne,

---

1. Bignon en son *Histoire*, t. V, ch. LII, p. 6. (Duroc était parti le 1er novembre.)

ses personnages, spécialement la Reine. Il commença par elle, car il la savait anti-française comme l'était alors toute la noblesse allemande en haine des excès des jacobins. Il se conduisit de telle manière qu'un homme d'État qui a connu des témoins de ces faits a pu écrire qu'on pouvait interpréter sa manière d'être à son égard pour un simple *hommage* rendu à son mérite ou pour *un sentiment plus vif encore.*

Il honora spécialement les chefs de l'armée, se montra familier avec le prince Louis, empressé auprès des courtisans. A l'égard de la Reine qui enflammait tous les ressentiments contre la France et dont le prince Louis s'était constitué le chevalier servant, l'empereur russe était capable de stimuler un sentiment utile à ses vues. Il n'offensa ni la *décence,* ni la *susceptibilité ombrageuse* du roi ; que le lecteur apprécie la portée de ces expressions employées par Thiers, toujours circonspect, et qu'il prononce.

Le roi fut enfin abordé directement ainsi que d'Haugwitz jaloux à présent de Hardenberg son ancien protégé qui le délaissait en le critiquant et en le jalousant. Alexandre parla des pays allemands en protecteur de la paix de Lunéville, du rôle qu'y devait jouer la Prusse, des projets de Napoléon et des progrès de ses armes, des cours dévouées à sa cause, du concours que les alliés lui prêteraient en troupes prêtes à la soutenir, des riches subsides du cabinet de Londres, des périls les plus imminents qu'annonçait l'archiduc Antoine par le récit de la capitulation d'Ulm et de l'anéantissement qui menaçait l'Autriche.

Frédéric-Guillaume se laissa étourdir par les instances comme par les supplications trop effectives de la reine, par les violences du prince Louis, par les clameurs de l'état-major. On décida que le roi entrerait en lice en déclarant qu'il intervenait entre les adversaires qui violaient son territoire. Oubliant le *texte des traités signés* avec la France, ce prince demanda un nouveau partage de l'Italie en faveur de l'Autriche, soit la ligne du Mincio pour frontière au lieu de l'Adige ; le roi de Sardaigne recevrait un dédommagement, plus la restitution que nous acceptions du royaume de Naples, de la Suisse et l'abandon de la Hollande. Le Hanovre ne figura pas dans les stipulations ; l'action militaire ne commencerait qu'un mois après les présentes stipulations. On observera ce dernier effort de la prudence cauteleuse du Hohenzollern. De ce que nous lui avions donné en territoires utiles, magnifiques, il n'était pas question. Les faveurs napoléoniennes paraissaient autant d'injures.

Haugwitz fut désolé de ce coup d'État occulte,

œuvre combinée de l'ambition de la Reine et de
l'habileté fatale d'Alexandre. Afin de sceller le
pacte, l'empereur russe trouva, d'accord avec la
reine, une scène à effet. On était à Postdam, donc
dans le château où reposait Frédéric II. Les souverains visitèrent son caveau, de nuit, Alexandre
couvrit le cercueil de ses larmes, embrassa le
jeune roi et lui jura une amitié éternelle en le te-
nant enlacé dans ses bras, devant la Reine, témoin
nécessaire de ce qui était son œuvre.

Les indiscrétions et l'enthousiasme des courtisans auxquels la Reine avait confié le secret de la
scène impériale apprirent au public ce qu'il n'aurait jamais dû connaître, aussitôt du moins. Le
corps diplomatique ne l'ignora pas davantage et
le récit en parvint à toutes les cours. On y fut plus
prompt qu'à Berlin à en saisir la portée et les som-
bres conséquences pour la paix. Devant l'effet produit, le roi fut ému de son traité du 3 novembre.
Il l'expliqua dans une note du cabinet publiée sous
la forme d'un article officieux. On y avouait que
l'empereur Alexandre avait visité le tombeau où
se trouvaient *les cendres du grand monarque* et
qu'après avoir embrassé *la famille royale* il était
parti. Le 5, en effet, il quitta Berlin, mais on ne
soufflait pas un mot du *traité* pas plus que de la
circonstance du *serment*.

Haugwitz reçut l'ordre d'informer Napoléon des bases de paix de la Troisième coalition.

Malheureusement pour son cabinet, nous avions accrédité auprès de lui un diplomate loyal mais fin. M. de Laforêt eut avec Hardenberg une entrevue où il le contraignit, en arguant des traités qui le liaient à nous, de s'expliquer. Un démenti formel fut sa réponse. Le roi n'était qu'un simple *médiateur*. A de nouvelles instances, il opposa la même réponse. Il y eut un jour où ce mensonge perdit tout crédit. L'armée autrichienne avait reçu durant ces événements une *déclaration* qui lui annonçait la conclusion d'une *triple alliance* entre la Russie, l'Autriche et la Prusse.

Pour achever de désoler ce dernier cabinet, celui des Tuileries lui exprimait sa vive bienveillance par lettre spéciale le 8 novembre. Ainsi, pendant que notre envoyé informait son maître de la perfidie de l'acte qu'avait inspiré la Reine, nous assurions cette cour de notre amitié. Les deux courriers portant les témoignages de l'état des choses s'étaient croisés en route.

La victoire d'Austerlitz modifia tout.

Justement irrité contre la Reine, Napoléon raconta dans le dix-septième bulletin de la campagne de 1805 la scène du tombeau de Frédéric II.

« Le résultat du célèbre serment fait sur le tom-

» beau du grand Frédéric le 4 novembre 1805 a
» été la bataille d'Austerlitz et l'évacuation de
» l'Allemagne par l'armée russe, à journées d'éta-
» pes. On fit, quarante-huit heures après, sur ce
» sujet, une gravure qu'on trouve dans toutes les
» boutiques, qui excite la risée même des paysans.
» On y voit le bel empereur de Russie, près de lui
» la reine et de l'autre côté le roi qui lève la main
» sur le tombeau de Frédéric. La reine elle-même,
» drapée d'un châle, à peu près comme les gravu-
» res de Londres représentent lady Hamilton, ap-
» puie la main sur son cœur et a l'air de regarder
» l'empereur de Russie. On ne conçoit pas que la
» police de Berlin ait laissé répandre une aussi
» pitoyable satire ! »

Quel esprit animait le cabinet de Berlin au moment où il accepta le traité du 15 février 1806 résultat de son insolente médiation à Vienne et quels
sentiments le guidèrent ensuite? On a sur ce point
un témoignage aussi précieux qu'irréfutable, celui
du comte Haugwitz. Son interlocuteur a eu soin
de conserver pour l'histoire l'aveu cynique du premier ministre. Or, cet interlocuteur était le confident des ennemis les plus résolus de Napoléon et
de la France, alors, de Londres à Pétersbourg, le
célèbre publiciste de la coalition Frédéric de Gentz.
C'est même lui que le parti de la guerre avait fait

mander au quartier général de Frédéric-Guillaume
pour rédiger le *manifeste* de ce souverain contre
Napoléon.

« Vous connaissez, lui dit-il un jour, les repro-
» ches dont on nous a accablés depuis quelque
» temps sur la prétendue duplicité de notre con-
» duite. *S'il a jamais existé une puissance que*
» *nous ayons eu l'intention de tromper, c'était la*
» *France.* La nécessité nous en avait fait la loi ;
» nous avons constamment voulu le bien de toutes
» les autres. Depuis longtemps nous étions con-
» vaincus que la paix et Napoléon étaient deux ob-
» jets contradictoires ; un simulacre de paix, voilà
» tout ce que nous pouvions maintenir. Cette si-
» tuation équivoque et forcée s'est prolongée par
» deux raisons puissantes ; d'abord, parce que *le*
» *roi, trop fortement prononcé contre toute idée*
» *de guerre,* se flattait d'année en année que, par
» quelque événement heureux qui culbuterait ce
» pouvoir colossal aussi rapidement qu'il s'était
» élevé, nous serions dispensés d'en venir à une
» lutte difficile et dangereuse dans laquelle il ne dé-
» sirait s'engager qu'à la dernière extrémité et en-
» suite parce que, après tous les malheurs que nos
» amis avaient éprouvés autour de nous, il nous
» paraissait sage et nécessaire de ménager à l'Eu-
» rope aux abois une dernière ressource intacte.

» Cependant, vous nous avez vus l'année der-
» nière (1805) *déterminés et préparés au combat*
» et nous y serions infailliblement entrés si la ba-
» taille d'Austerlitz et ses suites — et surtout la
» retraite et la volonté expresse de l'empereur de
» Russie — n'en avaient pas détourné le roi.

» Je me suis trouvé à cette époque, à Vienne,
» isolé et abandonné de tout le monde ; j'ai signé
» sous le couteau une convention par laquelle je
» me suis malheureusement attiré la haine de
» beaucoup de monde. Mais voici ce que j'ai fait :
» arrivé à Berlin, j'ai prié le roi — plusieurs per-
» sonnes peuvent l'attester — de me désavouer et
» de me renvoyer. *La crainte d'une explosion*
» *subite a retenu le roi ;* il a ratifié ma conven-
» tion, mais en y portant des *modifications* es-
» sentielles [1]. »

On retiendra cette double constatation : faire la
guerre quand même, sans cela que signifierait
l'expression d'explosion subite et des modifications faites à la convention.

Hardenberg, secrètement d'accord avec la Reine,
suppléait à ses enthousiasmes et à ses colères par
ses intrigues de cour. Les états-major de l'armée

---

1. *Manuscrit du mois d'octobre* 1806. Ce document, d'une importance capitale, a été publié en entier dans l'*Histoire générale
des traités de paix* du comte de Garden, t. X, p. 59, 171.

et la noblesse venaient prendre le mot d'ordre chez lui et lorsque Napoléon l'accusa d'être un ennemi sans excuses, il eut raison ; en le dénonçant comme vendu aux Anglais, il le calomniait, ses haines étroites suffisaient à un ministre qui n'est qu'un homme d'État de troisième ordre. Les traités de 18 5 n'ont décerné le génie à personne en histoire et les plénipotentiaires y ont remplacé les fautes impériales si facilement réparables par des iniquités qu'il faudra guérir *ferro et igne*. On ne connut donc plus de bornes après Postdam et la paix de Presbourg y parut précaire. L'esprit temporisateur du cabinet fut méconnu par les courtisans de jour en jour et le printemps de 1806 nous apprit qu'on conspirait, cette fois, ouvertement. M. de Laforêt avertit Talleyrand d'un état qui allait en s'aggravant. Aux mois de juin et de juillet, on ne sut plus réserver les apparences elles-mêmes. Cette fois, ce fut la Reine qui prit soin d'éclairer Napoléon par l'éclat d'une conduite devenue aussi scandaleuse qu'elle était publique. On a pu écrire qu'une sorte de *Congrès féminin* nous avait déclaré la guerre, aux bains de Pyrmont, ville de la principauté de Waldeck renommée par ses eaux thermales.

Encore, autre circonstance aggravante ! Auprès de la Reine étaient autour d'elle une sœur du Tzar,

la duchesse héréditaire de Weimar[1], la princesse
Cobourg et la princesse électorale de Hesse. L'orgueil de la France offusquait ces très illustres
princesses, dont le mérite se bornait après tout
au hasard de la naissance. Napoléon leur était antipathique comme nouvellement venu dans les familles des souverains. Elles oubliaient, dans leur
versatilité féminine, leur propre histoire ; il paraissait qu'on dût tout à leur origine et ne croyaient
guère à ce qui est si vrai pour toutes les dynasties :

Le premier qui fut Roi fut un soldat heureux !

En une seule campagne croyaient-elles, la France
rentrerait dans ses anciennes limites, l'époque des
tournois allait donc revenir avec ses vainqueurs et
les lauriers. De tels propos ne purent rester longtemps tenus secrets à Pyrmont ; l'imprudence des
princesses et les commérages de leurs admirateurs,
comme ceux de leurs sigisbés, les répandirent au
désespoir de Haugwitz.

« Les indiscrétions *anti-françaises* de la Reine
» à Pyrmont avaient été tellement publiques que

---

1. Napoléon l'ayant trouvée à Weimar lui rendit visite et lui
dit galamment :

« Vous pouvez maintenant, Madame, voir par vous-même ce
» que sont les désastres de la guerre. Je ferai tout ce qu'il dé-
» pendra de moi pour qu'ils pèsent le moins possible sur vos su-
» jets ; je veillerai à ce qu'on respecte leurs personnes et leurs
» propriétés. »

» le bruit en était devenu général en Allemagne
» et qu'elles n'avaient pu, à plus forte raison, être
» ignorées à Berlin. Le cabinet sentit le danger de
» ces imprudences et il fit adresser quelques *obser-*
» *vations*[1] à la Reine sur leur inconvénient. La
» leçon ne fut point perdue. Cette princesse écri-
» vit même au roi une lettre pleine de soumissions
» et d'excuses promettant *de ne plus accueillir*
» *de suggestions contraires au système de son*
» *gouvernement;* mais, de retour à Berlin, elle
» trouva autour du trône des dispositions telle-
» ment conformes aux siennes qu'elle n'eut plus
» besoin de se contraindre. Sa présence augmenta
» encore l'effervescence dans les cercles du grand
» monde ; les hostilités des salons précédèrent cel-
» les des camps et les conversations des femmes
» ne furent plus que des *hymnes de guerre.*

» Cette belle Reine, autrefois divinité modeste
» qui présidait aux jeux de la paix, n'aspire plus
» qu'au rôle brillant des héroïnes de la chevalerie[2].

1. Elles lui parvinrent par le ministre de Prusse à Cassel, le prince de Wittgenstein.

2. Avant et pendant Iéna les journaux de Berlin, tels que l'*Ami de la Maison*, l'*Indicateur*, l'*Observateur de la Sprée*, le *Libéral* de Kotzebue, annonçaient la défaite de nos armées.

Après les désastres, les caricatures prussiennes furent nom-breuses. La jeunesse dorée ne fut pas épargnée, on stigmatisa ses insolences et son ignorance ; sur ce dernier point on lui fit

» Une vaine soif de célébrité lui présente, au moins
» comme facile à saisir, celui d'une autre Marie-
» Thérèse. Toujours avide de parure, mais donnant
» désormais à sa *toilette* l'empreinte sérieuse de
» ses pensées, elle se décore, Bellone nouvelle,
» des couleurs du régiment qui porte son nom,
» elle aime à se montrer aux troupes et *à irriter*
» *leur ardeur* pour des combats qui, à ses yeux,
» ne doivent être que des victoires. *Comment la*
» *jeunesse militaire résisterait-elle à de sembla-*
» *bles excitations?* C'est surtout dans les corps
» privilégiés, parmi les officiers des régiments des
» gendarmes et des gardes du corps qu'éclate un
» enthousiasme qui va jusqu'à la fureur. Séides
» de patriotisme et d'orgueil national, tous vou-
» draient s'attaquer à Napoléon *en personne;* tous
» voudraient lui porter le premier coup, et un cer-
» tain nombre d'entre eux s'engagent *par un ser-*
» *ment solennel* à marcher droit à lui pour déli-
» vrer l'Europe d'un maître qui l'opprime, la
» Prusse, d'un rival d'illustration militaire qui ne
» la laisse qu'au second rang [1]. »

Ainsi, on avait vu un empereur germanique,

avouer qu'elle avait pris nos sapeurs pour des *créanciers juifs*.
On supposa ironiquement dans certaines que nos troupes étaient
uniquement composées de fils de tailleurs ou de cordonniers.

1. Bignon en son *Histoire*, t. V, chapitre LXII, p. 402.

Othon, organiser une bande destinée non pas à combattre le roi Philippe-Auguste à Bouvines, mais à le saisir avec des crocs de fer durant la bataille, ce qui constituait un assassinat, et on était témoin d'une même conjuration à huit cents ans d'intervalle ! L'ambition désordonnée d'un souverain trop ambitieux l'avait imposée sans succès et sans excuse et les chroniqueurs du temps l'ont raconté en flétrissant celui qui avait attenté si gravement aux lois de la chevalerie et de l'honneur. Eh bien ! en 1806, c'était une femme qui s'inspirait des mêmes fureurs, c'était une reine.

Que ne faut-il pas penser de cette conspiration atroce, dont on ne veut plus se souvenir en Prusse et que l'on connait si peu en France ?

Napoléon garda le silence sur ce qui le concernait dans son Message au Sénat. Mais dans son Bulletin à ses troupes il attaqua personnellement la souveraine, sans découvrir toutefois les menaces adressées à la vie impériale.

« La Reine de Prusse, leur dit-il, est à l'armée,
» habillée en amazone, portant l'uniforme de son
» *régiment* de dragons, écrivant vingt lettres par
» jour pour exciter de toutes parts l'incendie. *Il*
» *semble voir Armide dans son égarement met-*
» *tant le feu à son propre palais.* Après elle, le
» prince Louis de Prusse, jeune prince plein de

» bravoure et de courage, excité par le parti, croit
» trouver une grande renommée dans les vicissi-
» tudes de la guerre. A l'exemple de ces deux
» grands personnages, *toute la cour crie à la*
» *guerre;* mais quand la guerre se sera présentée
» avec toutes ses horreurs, tout le monde voudra
» s'excuser d'avoir été coupable et d'avoir attiré la
» foudre sur les campagnes paisibles du Nord. »

L'œuvre violente de la Reine est exposée dure-
ment, diront les publicistes prussiens.

Ce n'est pas notre avis.

Elle s'attachait aux pas de son mari non pour le
soigner même, mais pour l'empêcher de modifier
ses vues, afin de faire prédominer la guerre dans
ses conseils. Toujours la guerre. Il lui semblait que
le génie de sa nation dût s'incarner en elle et en
elle seule[1]. L'honneur du roi dans la diplomatie
et dans l'armée, elle entendait le représenter. Exclusive en tout, elle s'établissait *juge* entre la
France et la Prusse, elle voyait dans Napoléon un
rival de Frédéric II, elle oubliait ce que sa nouvelle

---

1. Le prince Louis, tué à Saafeld pour n'avoir pas voulu se
rendre, le fut par un simple maréchal des logis du 10e hussards,
nommé Guindé. Créé chevalier de la légion d'honneur pour ce
fait, sous-lieutenant en Russie et lieutenant, capitaine en Saxe, il
périt à Hanau. Il avait été promu officier de la légion d'hon·
neur et passait chef d'escadron lorsqu'on apprit sa mort.

patrie en avait reçu, ce qu'on lui promettait encore par Talleyrand et par M. de Laforêt. Le sort des batailles éclatait dans tous ses vœux, oubliant ou ignorant à plaisir nos victoires de 1792 à 1805, les citant peut-être pour en déclarer son pays déshonoré ! Quant à la chute de l'État et à la ruine de millions de sujets, elle ne s'en préoccupa jamais ; l'enivrement de la toute-puissance l'avait gagnée, les flatteries des courtisans avaient accompli la funeste transformation !

Le comte Beugnot a donné sur les origines de la guerre de Prusse un témoignage précieux.

« En 1806, dit-il, le *parti romantique* de la cour
» de Berlin voulait à tout prix la guerre contre la
» France. Le duc de Brunswick s'y opposait et met-
» tait dans la balance le poids de sa renommée. Le
» roi l'écoutait et sa confiance dans le prince tint
» pendant quelque temps la détermination suspen-
» due. Enfin, le vieux guerrier fut vaincu dans le
» conseil et ne gagna, à sa longue résistance, que
» le surnom dérisoire de *Prince de la Paix*. On
» le lisait un jour affiché à son carrosse pen-
» dant qu'il faisait le trajet de Berlin à Brunswick.
» Le duc espérait au moins de la publicité de sa
» répugnance que, si la guerre était déclarée, il
» serait dispensé d'y prendre part et il se trompait
» encore. Trois jours avant l'entrée en campagne,

» quand toutes les dispositions préliminaires
» avaient été prises par le prince Louis de Prusse,
» le roi annonça au duc de Brunswick que la
» guerre était déclarée et lui ordonna de venir
» prendre le commandement de l'armée ; il obéit
» en se plaignant de n'avoir pas été averti plu-
» tôt[1]. »

On méprisait hautement la paix de Presbourg,
on la voulait nulle, ses stipulations avaient été obtenues par la violence et leur consentement était
la suite de la faiblesse. La Prusse consentait à en
effacer la honte.

Une lettre interceptée apprit jusqu'où pouvait
aller la folie des jeunes femmes de la cour. La fille
du comte de Néale, qui avait été accueillie autrefois
à Paris par l'impératrice, alors madame Bonaparte,
avec une rare bonté, oublia le passé au point d'é-
crire ceci : *Napoléon ne veut pas la guerre, c'est
pour cela qu'il faut la lui faire.* Peut-on s'étonner qu'il ait parlé plus tard de la noblesse de cour
pour dire qu'il saurait l'obliger à *mendier son pain.*
Elle avait tout fomenté pour donner dans les désastres l'exemple de toutes les lâchetés[2] ! La haine

---

1. *Mémoires* publiés par le comte Albert Beugnot son petit
fils, 2ᵉ édit., p. 285.

2. Anecdote de Bignon. La lettre était écrite à la femme du
marquis de Lucchesini, ambassadeur de Prusse à Paris.

survivra cependant à ces fautes pour calomnier la France à plaisir.

Dans sa proclamation, Frédéric-Guillaume rappela les malheurs de ses alliés ; il annonça qu'il combattait pour le salut de la monarchie qui allait devenir la proie de l'étranger ; on combattait à titre de sauveurs et de libérateurs, les regards de tous les peuples étaient fixés sur ses troupes.

Napoléon dépêchait au même moment M. de Montesquiou à son quartier-général, on le fit prisonnier. Dans sa lettre, il disait qu'il traiterait avec le roi d'une manière conforme à son rang, sa nation n'était pas géographiquement l'ennemie de la sienne, il fallait épargner le sang. *La guerre actuelle,* ajoutait-il, *est une guerre impolitique.* Si nous ne sommes plus alliés, entendons-nous en politique. Vains efforts, on voulait la guerre.

CHAPITRE X

RAPPEL DE STEIN PAR LA REINE LOUISE

SOMMAIRE

Réformes de Stein après les désastres. — Renvoi de ce minis·
tre. — Lettre violente du roi désapprouvée par les cabinets.
— Tilsitt. — Lettre de la Reine à Stein. — Il réorganise la
Prusse de Tilsitt. — Napoléon impose son renvoi après avoir
conseillé son rappel. — Lettre à la Reine en prenant du service en Russie. — Fautes et provocations de ce ministre contre nous. — Appel de Fichte dans son cours à l'Université.
— Lettre interceptée publiée au *Moniteur Universel*.

L'aveuglement du cabinet de Berlin ne fut ra-
cheté ni par le prince de Hohenlohe, ni par les
lieutenants du duc de Brunswick, ni par les commandants des forteresses, ni par les troupes.
Blücher seul et quelques chefs de partisans sou-
tinrent l'honneur des armes ; des actes d'héroïsme
fort peu nombreux signalèrent une campagne devenue si célèbre et que l'on avait ouverte avec
tant de démonstrations. A l'injonction si haute de
rédéric-Guillaume III enjoignant à Napoléon de

retirer ses troupes par étapes réglées, l'Empereur avait répondu par une action militaire sans exemple, l'anéantissement de son adversaire en *une seule journée* par deux batailles simultanées. Il n'y a pas d'équivoques possibles sur ceci.

Au début des opérations militaires, la Reine ne s'était pas rendue seule au quartier général. Elle s'y était fait accompagner, sur sa volonté expresse, d'un état-major d'un nouveau genre. En attendant l'ouverture des hostilités elle avait passé des revues, elle s'était montrée dans les bivouacs ; à cheval, à tout propos, elle avait caracolé à l'imitation d'un hussard devant les soldats. Acclamée par eux, enivrement réciproque et fort indiscret, sa présence avait donné au quartier royal un caractère étrange.

Le 14 octobre cette mise en scène prit fin.

Un témoin, le capitaine Coignet, raconte ainsi l'épisode de la fuite. « Nous aperçûmes à notre droite un beau carrosse et des chevaux blancs ; on nous dit que c'était la reine de Prusse qui se sauvait. » Il était dix heures du matin. Elle portait encore son costume d'amazone et, englobée dans la déroute, faillit être prise. Lorsque Napoléon l'apprit, il s'écria : Tant pis ! c'eût été bien fait, c'est elle qui a voulu la guerre !

La panique avait été telle que des familiers des

souverains se demandaient dans leur égarement s'ils existaient encore !

Par suite d'une panique, toute la cour s'était enfuie de Berlin et avait couru jusqu'à la frontière de Russie. Au bruit des désastres du 14 octobre, Haugwitz, Lombard, Beyme, leurs auteurs inconscients s'étaient soustraits aux suites des fureurs populaires capables d'un crime. Ministre des finances, Stein avait mis en sûreté les fonds du trésor et s'était rendu auprès de son souverain à Koenigsberg.

Le prince voulut lui confier le portefeuille des affaires étrangères ; il le refusa par deux fois comme n'étant pas connu personnellement à Pétersbourg d'où il fallait attendre le relèvement de la monarchie sur les champs de bataille. Pendant que le général Zastrow, diplomate modeste, acceptait des fonctions alors prédominantes, Stein reprit ses projets de réformes intérieures, prélude du salut final. De concert avec Rüchell et Hardenberg, il rédigea un mémoire au roi sur la question des *ministres responsables* organisés en *conseil*. Signé par ces trois personnages, il y était dit en substance que ce conseil ferait tout à l'intérieur et à l'extérieur d'accord avec le roi, mais que le roi ne pourrait rien faire sans lui. C'était ainsi que l'ancien régime commençait à être menacé par les doctrines de la Révolution française jusque chez nos ennemis. Une déclaration de principes devait éclairer le pays et lui exposer les vues des hommes politiques.

Le souverain consulta l'étrange conseiller qui allait l'abandonner après Tilsitt et lui prescrivit de s'entendre avec Stein, Hardenberg et Rüchell ; clairvoyants, ces derniers demandèrent l'exclusion de Beyme comme antipathique à la Russie et comme étant l'objet des haines du peuple, Schulenburg n'osa pas en faire l'aveu à son maître. Le 19 décembre, celui-ci publia une Ordonnance qui superposait à ses ministres un *conseil exécutif* composé de trois membres destinés à tout diriger. Le général Rüchell eut les affaires militaires, Stein les finances et l'intérieur, Zastrow les relations extérieures. Prises en commun, les décisions étaient soumises au roi, une phrase de l'ordonnance en formulait ainsi la portée : « J'ai changé la *forme* de mon gouvernement... Cette décision n'est que provisoire, car je me réserve de juger moi-même pour l'avenir de l'utilité d'une pareille institution. » Le souverain subissait lui-même l'influence des idées nouvelles.

Ce projet utile n'eût pas de suites, Zastrow ayant été seul à accepter le programme et les collaborateurs désignés. Le rejet de Hardenberg et le maintion de Beyme dictèrent les refus de Rüchell et de Stein. Ce dernier accentua le sien sur la précocité de l'institution qui annonçait sa prochaine destruction. Ils assurèrent cependant Frédéric-Guillaume qu'ils ne le priveraient pas de leurs services *dans une crise aussi formidable*, mais ils réclamaient un pouvoir égal à leurs responsabilités.

Le 30 décembre, Stein reçut un ordre du cabinet lui imposant de ne pas payer les contributions de guerre à Napoléon [1]. Nos troupes marchaient à ce moment sur Kœnigsberg ; la Reine partit pour Memel, après la défaite de Pultusk, le 3 janvier 1807, prête à demander asile à la Russie. Le roi choisit cette heure désolée pour écrire à Stein, une lettre conçue en termes déplorables et dont on douterait si elle n'avait été imprimée par un auteur allemand.

Elle nous intéresse parce qu'on y voit le souverain en personne et que la France est absolument hors de question.

« J'avais autrefois des préjugés contre vous. Je

1. L'origine de la puissance financière de la maison de Rothschild se lie intimement aux désastres de la Prusse, en 1807.

Alors que la pièce d'or française de 20 francs en valait 60 à Berlin, le chef de cette famille alors inconnue était le dépositaire du trésor de l'électeur de Hesse-Cassel. Il envoya à Francfort en 1807 la somme considérable de 400 mille thalers en numéraire pour y être employés en *fonds publics* prussiens.

» vous ai toujours considéré comme un homme
» dont la manière de penser était pleine de *génie*
» et de capacité, mais en même temps comme un
» personnage excentrique et bizarre *qui croit*
» *toujours avoir raison* et qui, par conséquent,
» est impropre à des fonctions où il est exposé à
» être sans cesse irrité par un contact de chaque
» jour et de chaque heure avec le public. J'ai sur-
» monté ces préventions... Je conçus même la
» pensée de vous rapprocher de moi et d'étendre
» cette influence (Il lui rappelle ensuite ses mé-
» moires)... D'après ce qui vient de se passer je
» vois, à mon grand regret, que je ne m'étais pas
» trompé dans mes premières impressions sur
» votre compte. Vous n'êtes décidément qu'un
» sujet *entêté, obstiné, récalcitrant et désobéis-*
» *sant* qui fait sans cesse *parade* de ses talents et
» de son génie !... »

Stein avait le mépris des gens de cour, tout lui
donnait raison.

La petite noblesse qui était d'une pauvreté rare
vivait sur ses terres ; on a vu en elle et dans les
paysans grossiers qui l'entouraient, tous dévoués à
la famille royale qui incarnait la patrie prussienne
— mot retentissant pour des peuples divers de
mœurs, de religion et de races, — le salut comme
la force du pays. Elle ne prit aucune part, en effet,

11

à la dissolution et à la décadence et c'est de son sein que sortirent en 1807 les réformateurs ; c'est grâce à cela que la mosaïque de Frédéric II put survivre et surtout revivre. Les fautes de Napoléon furent l'auxiliaire indispensable au relèvement ; sans cela, la prédiction de Mirabeau eût régulièrement dû devenir exacte au lendemain d'Iéna et d'Auerstaedt. Les imprudences et les fautes irréparables de 1870 y suppléeront.

En recevant la lettre de Memel, le baron de Stein n'avait qu'à se retirer ; il le fit. Ses collègues informés par lui en des lettres privées ne cachèrent par leurs douleurs, ils appelèrent sa retraite une *catastrophe* et les cabinets de la coalition se répandirent en jugements amers sur le vaincu d'Iéna. La Russie et l'Autriche déclarèrent par leurs ambassadeurs qu'elles perdaient confiance dans l'avenir de la Prusse après un tel *événement*. L'Angleterre trouvant, enfin, une occasion de se venger de ses ressentiments s'exprima dans les termes les plus vifs ; son représentant emprunta un langage analogue et signala au roi le mépris comme la défiance que ses ministres inspiraient à toutes les couronnes. L'influence de ceux qui venaient de perdre la Prusse, la voilà stigmatisée..... Et par qui !

On a volontairement oublié à Berlin et dans les

pays confédérés tous ces troubles, tous ces incidents, toutes ces haines de cour autrefois retentissantes ; on se tait prudemment et on passe sous silence les appréciations de l'Europe! C'est ainsi qu'on parvient à donner le change depuis 1815 sur un passé douloureux, coupable, et dont les causes premières ont créé les malheurs de 1806.

Retiré à Nassau, le ministre discrédité reçoit de l'empereur Alexandre l'offre de passer à son service ; les événements de 1807 en décidèrent autrement. Vaincu à Friedland, il sollicita une entrevue autant dans l'intérêt des Hohenzollern que pour lui-même ; son allié ne possédait plus que la ville de Memel pour dernière place forte, son royaume n'existait plus.

Nous n'insisterons pas sur les stipulations inattendues des deux empereurs se partageant le monde ; à l'un, le Nord et l'Orient ; à l'autre, l'Occident et le Midi.

Ce traité tant décrié est plus justifiable qu'on ne le croit au premier abord. En outre il ne fut jamais réalisé ; mais ce qui est un fait acquis, c'est l'empire maritime de l'Angleterre dont on ne parle pas.

La Prusse perdit la moitié de ses États, et s'il conserva l'autre moitié, son souverain apprit que c'était *par égard pour Sa Majesté l'empereur de toutes les Russies*. Napoléon exigea de plus le renvoi du baron de Hardenberg si maltraité dans ses bulletins et conseilla de le remplacer par Stein. *C'est un homme d'esprit*, ajouta-t-il. La suite des temps l'a plus que prouvé.

Devant le refus de Schulenburg de prendre la direction des affaires, le roi se vit contraint d'en revenir à celui qu'il avait offensé mortellement. Aussitôt que les chefs du parti national connurent son désir, bien peu crurent à un résultat heureux après l'éclatante rupture de l'hiver précédent. Parmi les familiers, Niebuhr se montra inquiet ; il écrivit cependant à l'intéressé pour lui conseiller l'acceptation, le parti de la Cour revenant de ses erreurs et ne demandant qu'à réparer ses injures. Blücher son beau-frère intervint pour le supplier d'oublier les torts personnels du souverain dont il se portait garant à son égard. Hardenberg, au contraire, agissant en pur politique, écrivit d'imposer des conditions ; il recommanda spécialement à Stein de déclarer qu'il ne traiterait les affaires que personnellement, c'est-à-dire avec Frédéric-Guillaume. Nous insistons sur ces faits afin de montrer l'incapacité gouvernementale de ce souverain, son étroitesse d'esprit, ses obstinations en faveur de favoris dont les flatteries compromettaient l'existence de leur patrie et son empressement à retourner au despotisme.

La Reine Louise, qui avait tant à se faire pardonner dans la chute de son pays et dont l'ascendant avait dominé et dirigé le parti de la Cour, agit au nom de la maison de Brandebourg en cette circonstance. Sous le coup du démembrement de la Prusse, le jour même où il fut signé à Tilstit, elle envoya à Stein l'appel patriotique suivant.

« Nous n'avons d'espoir qu'en Vous ; pouvez-
» vous voir les misères de ce pays et lui ravir vos
» talents, vos connaissances et votre caractère ?
» *Vous seul pouvez nous sauver, il n'y a d'es-*
» *poir pour le Roi qu'en Vous !* Que deviendrons-
» nous, si Vous ne voulez pas obtempérer à nos
» vœux qui Vous supplient *à genoux* de nous
» sauver ?

» Je sais qu'il faut une grandeur d'âme rare
» pour oublier les *outrages* qu'on Vous a faits ; je
» sais que c'est un sacrifice que nous Vous de-
» mandons et que *nous n'avons rien fait pour*
» *le mériter.* Mais votre âme est trop noble pour
» se souvenir en ce moment des outrages qu'on
» Vous faits. Je suis sûre que si Vous connais-
» siez la misère du roi et toutes les souffrances
» qu'il a endurées depuis cinq mois, Vous n'hési-
» teriez pas à venir pour nous sauver... Il mérite
» votre compassion !

Si cette lettre, née d'un immense désespoir, honore la femme qui l'a écrite, elle honore davantage encore celui auquel elle était adressée. Mais quelle appréciation peut être plus sanglante pour les faiblesses de caractère du souverain ? Quel jugement peut l'emporter sur celui de la Reine Louise s'exprimant ainsi qu'on vient de le voir sur le *Parti de la Cour* et son œuvre en 1805, en 1806 et en 1807 ? Ne s'est-elle pas condamnée elle-même absolument, entièrement, dans sa politique néfaste d'alors sur la politique intérieure de sa nouvelle patrie et sur la politique étrangère ? Une telle missive prouve combien il sied peu aux princesses, que rien n'y oblige, de vouloir conduire secrètement par leur ingérence occulte les affaires publiques. Il vient un jour où tout est compromis, où tout est perdu, et où il faut se laisser aller au cours d'événements implacables mais que l'on a à se reprocher. Il vient une heure où il faut se désavouer soi-même et se condamner en jugeant ses amis ou son parti, trop heureux si tout cela ne reste pas stérile. Est-on sûr, même à ce prix, de pouvoir tout réparer ?

Lorsque Stein reçut cette lettre, il était gravement malade ; elle opéra en lui une réaction totale et détermina sa guérison. Oubliant ce qu'il souffrait pour ne voir que le sort du prince qui l'avait

outragé, il répondit par une série de dépêches ré-
digées avec tant d'abnégation qu'il excita l'admiration de ses ennemis et de Frédéric-Guillaume.

Le malheur de la Prusse, y était-il dit, lui défendait de penser à lui-même ; il acceptait sans
conditions, désignait le comte de Reden comme
étant le plus apte aux relations avec la France et
suppliait de ne rien refuser à Napoléon. Personnellement, il espérait se rendre à Memel dans quinze
jours et concluait en laissant au souverain toute
liberté quant aux affaires et quant au choix des
personnes.

Sa noble acceptation rendit la joie aux vaincus
de Memel. Le retour du dévoué ministre, désormais chef du conseil, fut l'objet de démonstrations
à la Cour. Frédéric-Guillaume se montra instruit de
la valeur d'un tel concours et lui fut désormais
soumis dans l'acceptation de ses conseils. La reine
lui tendit la main, fière d'une action qui lui appartenait en propre. Les princes l'accueillirent
avec joie. Les princesses de la famille royale ne lui
cachèrent pas qu'elles se sentaient attirées vers lui
par sa brusque indépendance, par son mérite et
qu'elles le regardaient comme un libérateur ; privilège sans rival, le cœur des femmes leur dicte les
meilleures garanties à prendre lorsqu'elles lui
laissent son initiative.

Dans une pareille situation, l'homme qui devait tout sauver et qui y parvint avait, pour première condition de succès, à exercer la *dictature*. Stein le comprit et imposa des remèdes héroïques. Niebuhr et Gneiseneau, Schon et Schrotter, Scharnhorst et Blucher, tous acceptèrent sa prépondérance, elle fut sans limites. Dès octobre 1807 il l'exerça dans cette pensée supérieure : relever l'aristocratie en lui infusant un sang nouveau ; d'où, l'élévation de la démocratie.

Nous n'avons pas à exposer ici la série de ces réformes, une seule de ses maximes suffit pour les comprendre : « La justice veut que chaque individu puisse parvenir sans obstacle au plus haut degré de prospérité que son talent ou sa fortune doivent atteindre. » Le but de chacun dans le gouvernement et dans le pays, il le définit ainsi : *Ce que la Prusse a perdu en étendue, elle doit essayer de le regagner en intensité.*

Ministre de l'intérieur, ministre des finances, Stein dirigea bientôt les affaires étrangères ; son appui fut absolu en faveur de la Commission militaire de Gneiseneau. La nouvelle de la capitulation de Baylen vint rendre courage aux vaincus, Napoléon n'était donc plus invincible. Dieu sait si la joie de cet échec beaucoup trop vanté (aujourd'hui encore) rendit courage aux chefs de l'*Ecole politi-*

que de Kœnigsberg, à leurs partisans immédiats, aux sociétés secrètes, aux officiers et aux favoris du Parti de la Cour. Stein ne résista pas à un entraînement qui arrivait en droite ligne d'Autriche. Sa haine l'emporta sur sa clairvoyance, quoiqu'il fut surveillé par les maréchaux Soult et Davout. Il expédia au prince Sayn-Wittgenstein une lettre où on lisait : *On regarde la guerre avec l'Autriche comme inévitable* ; les espérances de la Prusse y figuraient. Saisie le 15 août 1808 sur le porteur, Koppe, envoyée à Napoléon, elle parut par son ordre au *Moniteur*. Son auteur offrit alors sa démission, le souverain la refusa ; devant les injonctions impériales de janvier 1809, le premier ministre partit pour la Russie ; ses appointements lui étaient conservés, il eut donc l'auréole d'un martyre qui n'en était pas un au degré où on l'a élevé.

Administrateur général de la Prusse, le baron Bignon [1] avait vécu à Berlin dans les jours heureux de ce royaume de 1800 à 1804 et y avait été replacé après trois ans d'absence. De 1806 à 1808, il a donc tout vu, tout observé ; on n'a pu lui rien ca-

1. Bignon était né à La Meilleraye (Seine-Inférieure). Il a écrit son travail à l'occasion du vœu formulé par Napoléon à Sainte-Hélène, sur l'histoire diplomatique de son règne, de 1792 à 1815. L'empereur l'avait personnellement désigné. Il lui légua une somme de cent mille francs dans ce but.

cher à raison de ses fonctions et aucune attestation ne saurait prévaloir sur son témoignage. C'est ce qui donne à son *Histoire de France* une originalité à laquelle nulle autre ne peut prétendre sur cette période, celle de Thiers moins que toute autre.

Bignon a donc connu le baron de Stein et a jugé son œuvre dont rien ne lui a échappé. La Prusse, écrit-il, lui doit l'adoption de *mesures pleines de sagesse*. Mais, il ne faut pas s'y méprendre, ces mesures étaient une *conséquence* de la Révolution française. C'est en cela qu'éclate la supériorité de ce régime. On a pu le combattre dans ses différentes formes de gouvernement au nom d'une coalition inique dans son origine et ses causes secondaires. Les cabinets absolutistes qui l'ont poursuivi ont été contraints d'en imiter les exemples lorsqu'ils ont voulu se sauver, se populariser ou se défendre, de 1800 à 1815. Les réformes de Stein en sont une preuve magnifique. Toutes ses réformes, qui furent des *innovations*, étaient également *louables* nous dit l'administrateur général. Malheureusement, Stein était « passionné et violent comme homme politique ». L'indemnité de guerre de la Prusse s'élevait, pour contributions à acquitter par le pays, au chiffre de cent cinquante-quatre millions de francs d'après les évaluations impériales. Ses mandataires officiels, le prince Guillaume frère du roi y compris, osaient parler de dix-neuf millions. On n'aime guère à se dessaisir à Berlin!

Le général Knobelsdorf vint inutilement à Paris pour en demander l'adoption; le frère du roi fut aussi écarté malgré une ambassade de six mois et un recours à l'empereur Alexandre. Stein comprit qu'il fallait en finir avec les discussions byzantines afin d'obtenir l'évacuation de la Prusse et la fin de l'occupation.

C'est à la période de ce séjour à Berlin qu'il faut reporter le *système de difficultés* de tout genre suscité au comte Daru, au baron Bignon et au comte de La Bouillerie. Stein en fut l'auteur et l'imposa à ses sous-ordres; ordre était donné de désobéir partout à notre autorité.

« Quand elle faisait une demande à l'adminis-
» tration prussienne, un ordre secret donné non
» par ce ministre, mais par un autre des commis-
» saires du roi *sous son influence,* empêchait cette
» administration d'y satisfaire. L'autorité française
» s'en plaignit. On lui répondit par une dénéga-
» tion; elle opposa une de ces défenses signée par
» le principal commissaire, le conseiller Sack.
» Pris en flagrant délit, ce dernier comprit sa si-
» tuation. Il quitta Berlin sur le champ [1]...

1. Stein annonçait la vente des diamants de la couronne et

« Une proposition bizarre fut faite dans le même
» temps par M. de Stein : c'était que l'empereur
» acceptât comme partie de payement la *flotte*
» *russe* de l'amiral Siniawin qui se trouvait dans
» le port de Lisbonne. L'empereur Alexandre étant
» débiteur du roi, on s'entendrait avec lui pour
» la valeur des vaisseaux cédés à la France. Peut-
» être cette proposition était-elle innocente, mais
» l'empereur s'en indigna, croyant y voir la pen-
» sée de le brouiller avec l'empereur Alexandre [1].
   » Le principal des *moyens d'hostilité* employés
» à Berlin même par M. de Stein fut de créer dans
» cette ville une *disette factice*. Pendant plusieurs
» jours le pain manqua chez les boulangers. Une
» foule nombreuse assiégeait leurs portes et rem-
» plissait les rues. C'était la répétition des scènes
» de Paris à diverses époques de la Révolution.
» Dans ces rassemblements, le murmure public
» accusait naturellement *les oppresseurs du pays*
» qui dévoraient ses subsistances. La fraude était
» facile à deviner [2]. »

la vaisselle en vermeil du roi Frédéric II, moyen d'exaspérer
les Prussiens et d'injurier Napoléon.

1. Napoléon écrivit à M Daru le 27 mars 1808 : « Je ne regarde
cela que comme un parlage injurieux pour la Russie qu'on vou-
drait ensuite présenter comme venant de nous. » C'est notr
avis devant de telles subtilités.

2. *Histoire de France*, t. VII, ch. VII, p. 387.

On y mit bon ordre par des achats en Westphalie et en Pologne, mais la légende était créée.

Après quelques mois d'une guerre occulte donnant prise contre nous, Stein regagna Kœnigsberg. Les constatations ci-dessus étaient à produire, leur technicité en confirme le récit.

Les colères de la Reine entretenues par les bulletins impériaux, les douleurs et les colères plus calmes du roi, les humiliations des troupes, l'ardeur des ministres aux plus promptes revanches sont des sentiments humains. Pourquoi avoir aggravé la situation par ces hostilités ? Pour flatter les souverains malheureux, Stein agit de sa personne contrairement à leurs intérêts. Il poussa sa cour à des publications maladroites, il autorisa sur les théâtres des allusions aussi faciles à saisir que peu bienveillantes ; il n'y avait donc pas à s'y méprendre, et nous le comprîmes, *on se préparait à de nouveaux événements.* Or, on parlait de prudence dans la conduite à tenir de la part des ministres alors qu'on portait les esprits à l'exaspération. C'était un retour à la duplicité de 1805 et de 1807.

La lutte des armes est terminée, s'écriait Fichte à l'université de Berlin ; *nous allons commencer la lutte des principes.*

Ses appels passionnés sous forme de *Discours à la nation allemande* vont nous dire quels fu-

rent les moyens employés par son talent pour for-
muler la lutte des principes. L'idée allemande com-
battant sous le *drapeau noir et blanc*, toujours la
Prusse mais rien que la Prusse, la voici dans le
langage qui électrisa la jeunesse :

« Je m'adresse aux Allemands simplement et
» je ne tiens aucun compte des distinctions qui
» peuvent nous séparer les uns des autres, que les
» siècles peuvent avoir produites dans cette na-
» tion une. Ce n'est absolument et uniquement
» qu'en nous souvenant de notre qualité d'Alle-
» mands, que nous pouvons prévenir la ruine to-
» tale de notre *nationalité*, que nous pouvons
» reconquérir une *individualité* nationale indé-
» pendante. Je suppose des auditeurs capables de
» s'élever au-dessus de leur juste douleur jusqu'à
» comprendre nettement et clairement que si nous
» voulons être sauvés, il n'y a que nous-mêmes
» qui puissions le faire... Je connais cette douleur,
» je l'ai ressentie plus que personne, je l'estime...
» Pourtant, elle n'a de raison d'être que si elle nous
» pousse jusqu'à nous recueillir, à prendre une ré-
» solution, à agir... Soyons sur nos gardes, ne nous
» confions pas à l'ordre de choses étranger par une
» inattention, une distraction et une insouciance
» pareilles à celles qui nous y ont conduits... Ce
» n'est pas la force des bras ni la valeur des armes

» qui remportent les victoires, c'est la vigueur de
» l'âme. »

Si vous continuez à marcher dans la mollesse,
ajoutait-il, la servitude vous attend avec tous ses
maux ; mais si vous êtes des hommes, vous verrez
le rétablissement de notre peuple.

Pendant que Fichte enflammait ses auditeurs
par ses harangues, Stein agissait de son côté, tantôt
ouvertement, tantôt secrètement.

Quel langage tenait Stein dans la lettre que publia le journal officiel du gouvernement français,
le 8 septembre 1808 ?

Il écrivait au prince de Sayn-Wittgenstein en
résidence à Dobberon par un fonctionnaire « sur
tout ce qui a rapport à nos affaires de France ». Sa
lettre fut interceptée par l'arrestation du porteur
« M. de Koppe » nanti de papiers confidentiels. Il
y parlait du prince G., évidemment le prince Guillaume, qu'on avait chargé d'obtenir une remise
sur les contributions de guerre. Son échec prou-
verait, disait-il, que le dessein de l'empereur « est
de nous anéantir » et qu'il faut nous attendre à
tout.

« L'exaspération, ajoutait-il, augmente tous les
» jours en Allemagne ; il faut la nourrir et cher-
» cher à travailler les hommes. Je voudrais bien
» qu'on pût entretenir des liaisons dans la Hesse

» et dans la Westphalie et qu'on se préparât à de
» certains événements ; qu'on cherchât à mainte-
» nir des rapports avec des hommes d'énergie et
» bien intentionnés et que l'on pût mettre ces gens
» là en contact avec d'autres. Dans le cas où Votre
» Altesse pourrait me donner des renseignements
» à cet égard, je la prie de vouloir bien me ren-
» voyer M. Koppe ou un autre homme de con-
» fiance.

« Les affaires de l'*Espagne* font une impression
» très vive ; elles prouvent ce que depuis longtemps
» on aurait dû entrevoir. Il serait très utile d'en
» répandre les nouvelles d'une manière prudente.

« On considère ici la guerre avec l'*Autriche*
» comme inévitable. Cette lutte décidera du sort
« de l'Europe et par conséquent du nôtre. »

La suite de la lettre parle des espions, spécialement des femmes employées secrètement, puis de
Blücher.

Par décision impériale, le texte allemand fut publié intégralement avec traduction au *Moniteur* [1],

1. Par une coïncidence piquante, Napoléon agréait en audience
solennelle au palais des Tuileries le nouvel ambassadeur de
Prusse accrédité auprès de lui, trois jours après la publication
de la lettre de Stein.

Le *Moniteur* du 12 le rapporte à la date du 11, en ces termes :

« Son Excellence M. le baron de Brockausen a été introduit
ensuite avec les formes accoutumées et a présenté à Sa Majesté

mais accompagné d'un commentaire bref, où on lisait: qu'il fallait plaindre le roi de Prusse d'avoir des ministres aussi inhabiles que pervers. En ceci, Napoléon se trompait, Stein défendait son pays.

L'exil de Stein lui fut signifié dans les premiers jours de janvier 1809 par le comte de Saint-Marsan qui remplaçait à Berlin M. de Laforèt. L'arrêté surprenant pris par le vainqueur lui fut signifié personnellement par le ministre français, en vertu d'un ordre daté de Madrid. Déclaré « Ennemi de la France et de toute la Confédération du Rhin » l'intéressé répondit par une Déclaration à ses collègues que l'on a nommée *Testament politique du baron de Stein*. Elle est devenue célèbre en Allemagne à ce titre parce qu'elle contient le programme des institutions libérales qu'il avait projeté d'organiser en Prusse.

ses lettres de créance en qualité de ministre plénipotentiaire de S. M. le roi de Prusse. »

CHAPITRE XI

LA REINE LOUISE A TILSITT ET TRAITÉ DE TILSITT

SOMMAIRE

Mission du général Bertrand après Eylau pour obtenir la paix.
— Opposition de la Reine ; son aveu. — La Reine accourt à
Tilsitt, son attitude. — Opinion ultérieure de Napoléon sur
cette princesse. — Ses reproches au roi, langage officiel aux
députations prussiennes. — Ouvrage de Lombard, ancien ministre, sur la guerre de 1806 et ses causes. — Son appel au roi.

On sait la douleur de Napoléon sur le champ de
bataille d'Eylau, dont le peintre Gros a retracé les
célèbres horreurs. Dès qu'il fut rentré dans ses
quartiers d'hiver, il voulut la paix, interprète des
pensées intimes de la France. Le général Bertrand
fut envoyé au nouveau ministre des affaires étrangères le général de Zastrow, continuation des communications antérieures de janvier entre lui et le
cabinet du souverain vaincu.

L'Empereur témoignait dans sa lettre son désir
de relever la monarchie prussienne ; il en décla-

rait l'existence nécessaire, comme puissance intermédiaire, à la tranquillité de l'Europe. Il proposait l'envoi d'un ministre diplomatique à Memel pour prendre part à un Congrès où seraient représentées les puissances suivantes : la France, l'Angleterre, la Prusse, la Turquie et la Russie. Mais comme une pareille assemblée voulait des protocoles, des promesses par antériorité, ce qui devait entraîner des délais, il priait Frédéric-Guillaume de lui apprendre ses intentions pour le bonheur de son peuple. Il terminait en protestant contre une nouvelle effusion de sang.

Ce noble langage ne fut pas entendu ; le serment de Postdam, ce serment qui constituait le triomphe de la Reine Louise, s'y opposait. Elle a pris soin de le constater dans la lettre suivante :

« Après la bataille d'Eylau, le roi aurait pu faire
» une paix avantageuse ; mais en agissant ainsi
» il aurait dû entrer volontairement en termes
» d'accommodement avec le génie du mal et de-
» venir son complice. Maintenant, il est vrai, il
» s'est vu contraint par la nécessité de négocier
» avec son ennemi, mais aucune alliance n'a été
» faite entre eux ; cela doit quelque jour porter
» bonheur à la Prusse. Après Eylau, il a été très
» fortement pressé d'abandonner un très fidèle
» allié, mais c'est ce qu'il n'a pas voulu faire. »

Que signifie donc l'affirmation à Gentz ? *Dieu sait si j'ai jamais été consultée sur les affaires publiques et que je n'ai jamais eu l'ambition de l'être !* Puis, se contredisant aussitôt, on avouait qu'on voulait toujours la guerre afin de sortir de l'équivoque.

La convention de Barntenstein allait tout perdre et cependant l'armée russe n'en était pas moins détruite malgré les rodomontades de Benningsen. On rédigea des stipulations nouvelles, on s'y promit des conquêtes dont on consentait à ajourner le partage comme dépouilles opimes à la paix sur la France et sur ses alliés [1].

Les folies qui précédèrent Friedland en voilà l'esprit général.

Que nous parle-t-on de justice, de paix, du côté de la coalition. Ses tenants ne respectèrent jamais dans leurs projets les traités faits ou signés avec la France. Ils paraissaient mettre leur honneur à les violer, à Berlin comme à Londres, à Vienne comme à Pétersbourg ! L'esprit des traités de 1815 éclatait donc grâce à la Prusse, et il faudrait plaindre le sort qu'elle avait provoqué en

---

1. L'Empereur de Russie abandonna à Erfurth l'article du traité de Tilsitt qui consentait à la Prusse une rétrocession de quatre cents mille âmes en vue de la rétrocession du Hanovre. Cette fois ce fut le nouveau royaume de Westphalie qui en bénéficia.

refusant la prise des lettres de Montesquiou et Bertrand ?

Non, l'Histoire n'est pas une *légende.*

Lorsque Frédéric-Guillaume se vit livré à lui-même à Tilsitt, il appela auprès de lui la Reine, qui n'avait cessé de résider à Memel depuis la prise de Kœnigsberg [1]. On ignore comment elle accueillit cette injonction, car c'était bien elle qui avait amené l'écroulement de cette monarchie. Paraître en suppliante devant celui à l'égard duquel elle se sentait tant de torts n'était guère engageant. Le vainqueur l'avait, il est vrai, personnellement interpellée dans ses procédés polémiques et rendue aussitôt intéressante pour son peuple. Mais était-ce une raison d'accorder des territoires à un provocateur originaire parce que on lui avait rappelé sa conduite ?

La Reine Louise flatta Napoléon ; après avoir débuté d'après Las Cases par une *véritable tragédie,* ne cessant de crier *justice* comme Chimène, dans une pose théâtrale, elle employa l'habileté, des instances réitérées. Napoléon a gravé l'impression qu'il en reçut de main de maître ; voici le tableau sobre, mais d'un relief puissant des artifices féminins de la princesse.

« La Reine déploya tout son esprit, dit-il, elle

1. Ce fut le maréchal Kalkreuth qui conçut le projet.

» en avait beaucoup ; toutes ses manières, elles
» étaient fort agréables ; toute sa coquetterie, elle
» n'était pas sans charmes. Il me fallut beaucoup
» d'attention sur moi-même pour demeurer exempt
» de tout engagement et de toute parole dou-
» teuse. »

À ses reproches, elle répliquait par *la gloire du
grand Frédéric,* par ses souvenirs, par son héritage, c'étaient ces causes qui avaient porté, s'écriait-
elle, à *méconnaître un héros* dont on aurait dû
cultiver l'amitié. Aussi, lorsqu'elle reçut du vainqueur une rose s'empressa-t-elle d'ajouter en souveraine qui se souvient de ses intérêts : *au moins
avec Magdebourg.* Son interlocuteur n'était pas
homme à sacrifier ses idées et ses vues pour un
mot, pour un sourire, il s'en tira en soldat ; il rem-
plaça les sentiments par un phrase que l'on trouve
dure parce qu'il répondit avec justesse qu'il appartenait à lui seul d'offrir et non d'avoir à accepter.
Eh oui ! le rôle d'acceptant était bien le seul qui
revint à la Reine. S'il eût répondu autrement,
Napoléon aurait modifié sa politique, oublié le sang
de ses soldats et les hécatombes résolûment voulues
d'Eylau et de Friedland.

En opposant un refus déterminé en cette circonstance, le vainqueur attestait l'indignation qu'il
avait le droit d'épouver contre le conseiller funeste

qui avait nécessité tant de deuils, de misères ; contre l'influence occulte surtout qui avait prévalu jusqu'à dix fois contre ses propositions de paix. Il voulait que l'Europe l'apprît officiellement et que les témoins le répétassent absolument. La paix ! il l'avait sincèrement voulue, offerte, recherchée. Qui l'avait obstinément refusée ? la demanderesse. Voilà pourquoi nous trouvons Thiers trop indulgent pour elle et Bignon presque faible ; lui, du moins, n'a rien ignoré des incidents ni des acteurs. Mais il se souvient trop que le coupable était une femme prompte à se démentir.... quand elle assistait à un événement sans exemple. Nous n'aurons pas la même indulgence.

« En réalité, a-t-il écrit, l'Empereur Napoléon
» et la Reine de Prusse étaient à Tilsitt deux per-
» sonnages en scène, l'une cherchant par les sé-
» ductions bien légitimes de son esprit, de sa
» beauté et de ses grâces, à intéresser en faveur
» d'un État malheureux la générosité d'un ennemi
» triomphant ; l'autre, sur la défensive, attentif à
» se préserver de tout entraînement chevaleresque,
» bien résolu qu'il était de ne pas sacrifier de so-
» lides avantages à une vaine renommée de po-
» litesse et de galanterie. La Reine par ses vertus,
» par la sincérité de ses regrets sur des maux aux-
» quels son imprudence avait contribué, eût mé-

» rité de trouver un vainqueur moins irrécon-
» ciliable. »

On a beaucoup dit que si cette folle Armide avait
devancé son voyage et s'était présentée à Tilsitt
au début des réunions elle aurait été utile à son
royaume. Napoléon l'aurait avancé dans des conversations familières dont Las Cases a conservé
sinon le texte au moins l'esprit. Nous n'ajoutons
aucune foi à cette croyance. Les bulletins de l'armée, la perte d'un allié pour lequel on avait tout
fait, perte irrémédiable qui nécessita la création
du royaume de Westphalie, les griefs connus du
lecteur et sur lesquels nous ne reviendrons pas,
voilà les éléments d'une conviction contraire.

Il est juste, pour être complet, de rapporter le
jugement de Napoléon sur la souveraine dont la
Prusse porte une sorte de *deuil punique.*

« La Reine, disait-il à Sainte-Hélène, en dépit
» de mes efforts et de mon adresse, resta constam-
» ment maîtresse de la conversation, la domina
» toujours, revint sans cesse à son sujet, peut-être
» trop, mais du reste avec une grande convenance
» et sans qu'il fût possible de s'en fâcher; et il est
» vrai de dire que l'objet était important pour elle,
» le temps précieux et court. »

« J'ai eu (a-t-il dit à son médecin) une haute
» considération pour elle ; et si le roi l'eût d'abord

» amenée à Tilsitt il aurait obtenu de meilleures
» conditions. Elle était élégante, spirituelle, pro-
» digieusement insinuante. Elle déplorait amère-
» ment la guerre. Cette Reine ne put se consoler
» du traité de Tilsitt et de la perte de Magde-
» bourg[1]. »

L'Empereur s'oubliait lui-même lorsqu'il faisait
ces confidences à O'Méara.

La Reine Louise fut admise à des séances diplomatiques par une condescendence sans exemple en
apparence ; cet acte de l'Empereur n'a pas été compris dans le sens qu'il faut lui donner. C'est une leçon et une leçon utile qu'on imposait à la Reine ;
on voulait lui apprendre comment doivent se traiter les affaires de l'État, combien elles sont complexes, combien elles embrassent des intérêts délicats et graves, combien peu les femmes y sont
propres. Nous ne nierons pas l'art que montra cette
princesse dans l'interprétation des points traités

1. Le dîner avec la Reine eut lieu le 6 juillet. Le 7, Napoléon
écrivait à Joséphine :

« Mon amie, la Reine de Prusse a dîné hier avec moi. J'ai eu
» à me défendre de ce qu'elle voulait m'obliger à faire encore
» quelques concessions à son mari ; mais j'ai été galant et je me
» suis tenu à *ma politique*. Elle est fort aimable. J'irai te donner
» des détails qu'il me serait impossible de te donner sans être
» bien long. Quand tu liras cette lettre, la paix avec la Prusse
» et la France sera conclue... »

devant elle, quoique ce fût seulement de l'art féminin, de salon ou de cour ; rien de cette habileté ne
pouvait suffire à relever une monarchie qu'elle avait
pris plaisir à renverser avec des mots sonores,
des formules creuses, indice de son peu de bon
sens. Vainement se fonda-t-elle sur des politesses
pour modifier des stipulations ; vainement eut-elle
recours à des altercations sur de prétendues
promesses, son pays dut subir les conséquences de ses fautes accumulées deux années durant.

Napoléon dut connaître les agissements de l'ambassadeur anglais à Vienne qui essayait d'entrai-
ner l'Autriche d'accord avec Berlin. Il ne put ignorer la fécondité financière de ce dernier cabinet et
en retrouva certainement l'origine : le cabinet de
Londres. La correspondance de sir Adair prouve
qu'il se hasarda, sous les successeurs tories de
Pitt, à fournir des sommes d'argent considérables
au vaincu d'Iéna afin de lui donner les moyens de
pourvoir à la défense des places de la Silésie. Voilà
une des causes de la ténacité impériale : les historiens ne l'ont jamais indiquée ; or, la pauvreté de
la Prusse devait bien faire supposer des ressources
secrètes. Sir Adair s'en est avoué le fournisseur de
son vivant.

L'empereur Alexandre abandonna entièrement

la Prusse à Tilsitt[1]. La preuve, en dehors des deux stipulations qui concernaient ce royaume, on l'a de la main de Frédéric-Guillaume. Le 16 juillet, il écrivait au roi de Suède : *Immédiatement après l'armistice, mon allié a conclu la paix pour lui seul.* Le roi prussien avait tort de se plaindre ; l'intérêt n'est-il pas le premier agent en politique ? On lui avait offert la paix après Eylau et on avait réitéré ; il eût dû l'accepter et le tzar ne l'en aurait pas moins estimé ou servi ultérieurement, tout le démontre. Le tzar avait voulu, en traitant, revenir à la politique de Catherine la Grande et de Paul 1er sur mer. Il entendait se ranger contre l'Angleterre, plus redoutable que la France dans ses envahissements, et il n'y voyait de moyen que dans l'application des principes de la *neutralité maritime.* A leur faveur, on se partagea le monde, a dit Thiers. C'est à cet historien qu'il faut recourir pour connaître à fond ce qui se passa à Tilsitt durant les vingt jours que durèrent ces célèbres négociations. Son œuvre n'est point à réitérer, la pensée générale suffit à notre récit.

Napoléon insistait sur son désir de l'alliance prus-

---

1. Le 25 juin, jour de l'entrevue sur le Niémen, Napoléon avait écrit de lui à Joséphine :

« Je viens de voir l'empereur Alexandre ; j'ai été fort content » de lui ; c'est un fort beau, bon et jeune empereur ; il a de » l'esprit plus qu'on ne pense communément. »

sienne à l'époque, en toute occasion. On ne peut passer sous silence la réponse qu'il fit à la *députation* de la ville de Berlin et au *comité* des États de la Marche de Brandebourg, venus lui présenter leurs hommages à Dresde.

« Je ne sais, leur dit-il, quel homme est vôtre
» roi. Je le détrônais si l'empereur de Russie avait
» tardé encore trois jours à faire la paix... Je vous
» eusse donné une autre constitution et qui sait
» si vous eussiez été moins heureux?... *Plus de*
» *dix fois, je lui ai offert la paix.* Cet hiver, je
» voulais le ramener dans sa capitale, mais il a
» préféré se faire aide-de-camp de l'empereur de
» Russie et se jeter dans les bras des Cosaques...
» Je n'ai point voulu la guerre, *j'ai assez du*
» *Rhin...* Vous ne m'appartenez plus; vous étiez
» mon peuple par droit de conquête, vous avez cessé
» de l'être; c'est à moi d'ôter à votre roi tous les
» moyens de me faire la guerre dans six mois...
» Car je ne doute pas qu'il ne finisse par faire de
» *nouvelles fautes.* Votre roi a été mal conseillé,
» jamais il n'eut de système ferme. Quand je le
» croyais mon ami, il ne m'aidait pas ; je préfère
» l'avoir pour ennemi ; c'est alors une autre affaire
» et je sais quel parti prendre [1]. »

---

1. Bignon a eu le texte de cette harangue en main ; il en tenait
la copie écrite de mémoire d'après la teneur du *procès-verbal*

La haine allait devenir désormais toute particulière entre la Prusse et la France ; elle devait survivre aux batailles et aux traités de paix ! Il faut le déplorer.

L'ouvrage écrit par Lombard en 1808 sur cette période est intitulé modestement : *Matériaux pour servir à l'histoire des années* 1805, 1806 et 1807 afin d'en déguiser le but apologétique. Il était dédié aux Prussiens par celui qui s'appelait : un ancien compatriote. Il débute par un portrait de Frédéric-Guillaume III, qui n'est pas dénué de critiques justes. Son enfance et sa jeunesse avaient été négligées sous le rapport de l'éducation, il le reconnaissait lui-même et s'efforça d'y remédier lorsqu'il fut appelé au trône. Bon militaire, sa vie l'a prouvé, il avait combattu obligatoirement la révolution de 1792 avec bravoure et de même plus tard en Pologne. Très amoureux de sa femme, il vivait de la vie de famille, dans un cercle restreint et sans étiquette.

Parle-t-il des ministres, il les défend avec talent et sans trop insister. Il signale les désordres et le

officiel que dressèrent les intéressés en vue d'un rapport à leur souverain.

1. En quittant Napoléon, la Reine Louise lui aurait dit : *Sire, vous m'avez cruellement trompée.* Au même moment l'empereur écrivait à Joséphine : *Il m'en coûterait trop cher de faire le galant !*

12.

luxe de l'armée. On comptait à peine 695 officiers bourgeois, dont 30 dans les rangs supérieurs. La Prusse est un pays pauvre, ajoute-t-il, où des sables ingrats forment la plus grande partie du sol, les provinces sont sans liaisons entre elles, la Silésie seule est préservée des atteintes de l'Autriche par une frontière de montagnes et par une forêt de forteresses, la Russie est trop près depuis le partage de la Pologne, l'Autriche nous menace de tout son poids par les deux Gallicies.

Qui eût dit, s'écrie-t-il, qu'une barque flottant sur la mer d'Egypte allait être *chargée de nos destinées comme de celles du monde*? Tout ce qu'on a vu s'accomplir n'était-il pas *contre toutes les probabilités humaines*? Après Marengo que faire? *Un seul revers nous arrachait tout.* Avec ses frontières, fruit de ses victoires, la France était inaccessible de tous les côtés. Ses alliés étaient un instrument entre ses mains et nous dans celui des autres. L'empire Français disposait des richesses de la moitié de l'Europe.

Dans la guerre maritime, la Prusse a obéi à l'honneur. *Le roi seul avait jugé Napoléon et s'était complu dans ses jugements. Napoléon le savait.*

Qu'a cherché l'Autriche en 1805? Une folie : *l'anéantissement de la France.*

Lombard proteste contre l'emploi de deux morales par les grandes puissances. Il les accuse de s'être montrées prêtes à sacrifier en toute occasion, par une variété d'opinions contestables les petites qui n'ont jamais connu les bienfaits de la vraie morale. Les ressentiments qui animèrent tour à tour les deux cabinets et aigrirent les deux souverains sont exposés avec intelligence ; les violences de l'opinion, les fautes de Brunswick, les témérités criminelles du parti militaire, les opprobres aux ministres surnommés les favoris, le royaume proclamé déchu de son rang, la bataille finale où le souverain eut deux chevaux tués sous lui, sa bravoure à affronter la mort, aucun plan de retraite, la manœuvre d'Ulm renouvelée, tous les corps mettant successivement bas les armes, les places fortes les imitant par une sommation seule ou à peu près, l'affolement de la cour, le départ précipité de la Reine jetant la capitale dans le désespoir, tel est le tableau rapide, animé, que traçait Lombard en 1808. La critique était sobre et portait d'autant.

L'armée fut l'objet des imprécations les plus vives par la plume et par la parole. On oublia l'héroïsme ou les services d'autrefois devant une ruine sans exemple.

La conséquence, on l'eut à Tilsitt où prit fin la grande tragédie.

« Les deux Empereurs se virent. Ce moment
» non seulement les réconcilia, mais établit entre
» eux, à ce qu'il semble, un rapport intime. La
» paix n'en fut que la première suite. La réu-
» nion du continent tout entier sous un seul prin-
» cipe politique en devint bientôt après le grand
» résultat.

» Le sort de la Prusse fut ce qu'il devait être,
» *un accessoire que les deux souverains traitè-*
» *rent entre eux*, en balançant les intérêts prin-
» cipaux. Sans doute, Alexandre plus heureux au-
» rait mieux fait pour son ami. »

Lombard termine en signalant cette paix comme
comparable à celles que concluait *Rome avec les
rois vaincus*. Il adjurait son souverain de rester
l'ami du vainqueur afin d'obtenir son relèvement
dans un *avenir* auquel il avait foi.

La Reine devait s'y opposer avec violence.

CHAPITRE XII

LETTRES DE LA REINE LOUISE

SOMMAIRE

Lettre du 24 juin 1807. — Lettre de juillet. — Napoléon recherchant une grande alliance avait préféré la Prusse. — La Russie à Tilsitt. — Lettre de 1809 sur le système usé de la politique prussienne. — Fautes de la reine Louise. — Faute de Napoléon. — Faute d'Alexandre.

La Correspondance intime de celle qui avait considéré la monarchie prussienne comme perdue si on n'appelait pas la France sur les champs de bataille quand même, va nous peindre, en 1807, l'état de son âme.

Le 24 juin, elle écrivait :

« L'armée a été obligée de se retirer ; il y a
» une suspension d'hostilités et un armistice de
» quelques semaines. Les nuages se lèvent et se
» dissipent souvent au moment où ils semblent
» menaçants. C'est peut-être ce qui arrive en ce
» moment. Personne ne le désire plus vivement

» que moi ; mais les désirs sont des désirs, et ils
» sont sans consistance. Tout vient d'en haut !...
» Ma foi ne faillira pas. Vivre ou mourir dans les
» voies de la droiture, vivre de pain et de sel, s'il
» le faut, ne sera jamais pour moi un malheur su-
» prême ; mon malheur est de ne plus espérer.
» Ceux qui ont été ainsi arrachés de leur paradis
» terrestre ont perdu la faculté d'espérer. Si le
» bonheur peut un jour se lever, ah ! personne ne
» le recevra avec plus de reconnaissance que moi.
» Mais je ne puis l'espérer. Quand le malheur nous
» écrase, il peut un instant nous embarrasser,
» mais il ne peut nous humilier tant qu'il n'est
» pas mérité. Le mal et l'injustice de notre côté
» m'auraient menée au tombeau ; je ne succom-
» berai pas dans notre disgrâce, car nous pouvons
» lever le front haut. »

En juillet, la reine écrivit à son père une lettre
des plus touchantes par la défense qu'elle prend
du roi.

« C'est avec l'émotion du cœur la plus profonde
» et les larmes de la plus reconnaissante affection
» que j'ai lu votre lettre du 14 avril....
» Quelle consolation et quel soutien pour moi
» au milieu de mes épreuves ! Quant on est aussi
» tendrement aimé, on ne peut être complètement
» malheureux. De nouveaux et d'écrasants far-

» deaux nous sont imposés encore, et nous som-
» mes à la veille d'être obligés de quitter le
» royaume. Pensez à ce que cela va être pour moi !
» Malgré tout, au nom de Dieu, je vous en conjure,
» ne vous méprenez pas sur votre fille. Ce n'est
» pas la crainte qui m'humilie. Deux raisons fon-
» damentales m'élèvent au-dessus de malheurs si
» étranges. La première est que nous ne sommes
» pas le jeu d'un sort aveugle, nous sommes dans
» les mains de Dieu. La seconde, c'est que nous
» tombons avec honneur.

« Le roi a prouvé au monde qu'il ne désirait
» que l'honneur, et qu'il ne méritait pas l'igno-
» minie. Il n'y a pas eu un seul de ses actes où
» il ait pu faire autrement sans manquer à son ca-
» ractère et sans trahir son peuple. Ceux-là seu-
» lement qui ont l'âme haute comprendront quelle
» force je trouve dans cette pensée ; mais revenons
» au fait. Par la perte de la malheureuse bataille
» de Friedland, Kœnigsberg tombe dans les mains
» des Français. Nous sommes pressés par l'en-
» nemi, et, si le danger approche plus près encore,
» il me faudra quitter Memel avec mes enfants. Le
» roi rejoindra l'empereur. Je partirai pour Riga
» aussitôt qu'un péril imminent m'y contraindra.
» Dieu me donnera la force de supporter l'heure
» où il me faudra quitter le royaume. La force me

» sera nécessaire ; mais je lève mes yeux vers le
» Tout-puissant, source de tous les biens et dont
» les décrets insondables permettent que le mal
» s'accomplisse ; ma ferme croyance est qu'il ne
» nous enverra rien au-delà de ce qu'il nous est
» possible de supporter. Encore une fois, mon
» bien-aimé père, nous tombons avec honneur,
» respectés et aimés d'autres nations, et nous au-
» rons des amis fidèles parce que nous le méritons.
» Je ne puis trouver d'expression pour dire com-
» bien cette pensée me console. Je supporte tout
» avec le calme qu'une conscience tranquille et
» une ferme soumission peuvent donner. Soyez
» donc assuré, mon bon père, que je ne puis être
» complètement malheureuse, et que d'autres,
» chargés d'une couronne et de tous les dons de
» la fortune, ne sont pas en paix comme nous. »

Il y aurait à nier le sentiment de dignité qui
anime cette page tracée dans le douloureux exil
de Memel de la mauvaise foi. L'époque où la princesse vaincue devait se montrer pleine de noblesse
et hautement résignée dans ses désastres était venue. Oui, il y a du courage dans ces cris de désespoir sur la situation faite désormais à la Prusse,
après la perte de quatre batailles, dont deux furent
décisives : Iéna, Friedland. Après la première, l'espoir restait encore, après la seconde, les souve-

rains n'avaient plus qu'à se fier à l'avenir. Les décrets insondables de la Providence, quitter Memel, fuir à Riga, abandonner le royaume, tout y est. Aucune amertume n'est épargnée. On avoue qu'on est tombé ; on a conservé du moins, l'honneur, on le croyait. Illusion fausse ; la seule qui reste, on l'a. La princesse qui devait tout épuiser croyait encore aux amis fidèles et au calme d'une conscience tranquille. Ces derniers mots, elle les a prononcés sans voir que sa situation était irrémédiablement perdue et par elle, cause de toutes les erreurs, de toutes les inspirations malsaines et des provocations les plus folles au début, les plus perverses après Lubeck et Kœnigsberg.

Rien ne devait l'éclairer. Poursuivons cet examen de conscience.

Du château de Finkestein, suite du bivouac d'Osterode, Napoléon avait écrit à Talleyrand, qui dirigeait sa diplomatie à Varsovie, cette phrase significative : *Il faut que tout cela finisse par un système avec la Russie ou par un système avec l'Autriche.* Il pensait avec justesse qu'il lui fallait, malgré ses victoires, une grande alliance. De là ses pourparlers avec l'Autriche d'abord, ils échouèrent. Ils réussirent après Friedland avec la Russie parce que les généraux, les officiers et les troupes du Tzar étaient pleins d'admiration pour notre armée.

Une grande alliance, avons-nous dit! Mais les concessions faites à la Prusse n'avaient pas eu d'autre but que de la trouver dans son cabinet[1]. Après Eylau même, on ne la réduisait que d'un quart, ce qui était une *faute;* si elle eût été conclue, l'empereur aurait certainement trouvé le moyen de réparer, avec le temps et des remaniements ultérieurs, ce résultat de la guerre. Frédéric-Guillaume le comprenait et le voulait personnellement; malheureusement pour tout le monde la reine n'aspira qu'à la vengeance, de là Tilsitt avec ses redoutables conséquences.

Dans son *Journal*, la reine Louise a tenté d'accuser Napoléon de fourberie. Eh bien! là encore elle s'est trompée. Si son adversaire a pu être fourbe, ce fut à Venise, ce fut à Madrid, mais ce ne fut jamais à Berlin et c'est dans le monde officiel de cette capitale qu'on le fut contre lui.

Pour être juste, il ne faut pas négliger de rappeler l'orgueil de l'empereur Alexandre sur les prétendus avantages remportés par son armée durant cette campagne. Il s'était cru vainqueur à Eylau et la jactance de son général en chef Ben-

1. Il avait repris la politique de Siéyès contre laquelle il avait précédemment protesté auprès de Gohier en parlant des tendances de l'ambassadeur devenu Directeur (*Mémoires*, t. I, 2e part., § 4, p. 207).

ningsen l'avait confirmé dans cette opinion, après l'avoir inspirée. Il l'imposa moralement à son allié, autre séduction aussi funeste que celle de Postdam. De là, le rejet de la *médiation autrichienne,* par la Russie et par la Prusse ; de là, l'indignation des troupes russes contre ses diplomates et ceux de l'Angleterre ; de là, le triomphe momentané du parti militaire à Berlin, ou plutôt à Kœnigsberg et à Memel. Après la journée de Friedland, les états-majors s'étaient déchaînés contre l'ambition britannique et les souverains vaincus avaient enfin partagé l'indignation de leurs soldats contre la puissance qui n'armait des coalitions que pour conquérir des *colonies* dont elle profitait seule. Aussi, la paix était devenue possible [1].

Nous n'avons pas à raconter l'intimité des deux empereurs ni leurs réciproques enivrements à Tilsitt. Nous avons cependant le droit de reprocher à l'empereur Alexandre l'abandon où il laissa le souverain qu'il avait entraîné sur les champs de bataille et surtout les illusions qu'il avait données à la reine de Prusse. La gloire de Frédéric le Grand

1. Les publicistes et les poètes dans leurs odes au vainqueur ne cessaient de donner le cabinet anglais comme le fauteur « de nos discordes civiles » et lui promettaient au nom des vengeances des peuples le sort de Tyr ! Il appartenait au roi de Rome de rétablir l'Equilibre du monde. (V. *L'hymen ou la Naissance,* poésies imprimées chez Didot, en 1812.)

ne prédisposait que trop cette princesse à perdre toute mesure.

Lorsque la paix fut signée, le roi et la reine abandonnèrent Memel pour le petit château de Hufen, situé près de Kœnigsberg. La souveraine y partagea son temps entre la lecture et l'éducation de ses six enfants. La Bible fut son livre de prédilection, elle appelait sa lecture un *alleluia dans les larmes;* le malheur transformait ses ardeurs belliqueuses.

Lorsque l'occupation de la capitale eut pris fin en décembre 1808 et que les troupes françaises l'eurent évacuée, les souverains à demi détrônés se rendirent à Saint-Pétersbourg.

A son retour d'Erfurth, Alexandre s'arrêta à Kœnigsberg. Il obtint que ses anciens alliés viendraient à Pétersbourg. Le 27 décembre ils partirent et du 7 janvier aux premiers jours de février passèrent un mois dans des fêtes splendides. Mais la reine Louise portait en elle les germes de la maladie qui allait bientôt l'enlever. Ce fut à son retour qu'elle écrivit à une amie : « Rien ne m'éblouit plus ; mon royaume n'est plus de ce monde. »

La paix était générale, elle paraissait définitive, lorsque l'Autriche, poussée par le souvenir de ses grandeurs déchues, courut aux armes. Les successeurs de Pitt s'étant vus perdus par l'entente franco-

russe avaient déterminé Vienne à combattre seule
l'*Europe napoléonnienne !* année 1809.

L'état de guerre empêcha les souverains vaincus
de rentrer à Berlin, ils retournèrent au château
de Hufen et y séjournèrent durant tout l'été. Les
conversations sur les affaires sociales, administratives et politiques, y furent prédominantes. On reconnut qu'on avait beaucoup à apprendre de Napoléon, on déclara que le système politique de l'ancien régime était *usé* et qu'il fallait tout refondre.

De là, la lettre suivante écrite en juillet :

« Hufen, 1809.

« Mon bien-aimé père, tout est perdu, si ce
» n'est pour toujours, au moins pour le présent.
» Je n'espère plus rien durant ma vie. Je suis à
» présent résignée et soumise aux volontés de la
» Providence. Je suis tranquille. Dans le calme
» de la résignation, si je n'ai pas le bonheur, je
» trouve un bien plus grand dans la paix de l'es-
» prit. Il devient plus clair pour moi chaque jour
» que tout ce qui est arrivé devait être. *La Pro-*
» *vidence voulait amener un nouvel ordre de*
» *choses pour renouveler le vieux système usé*
» *de notre politique, qui ne pouvait plus durer.*
» *Nous avons dormi sur les lauriers du grand*
» *Frédéric,* qui avait, comme le héros de son

» temps, commencé une ère nouvelle ; *nous n'a-*
» *vons pas fait les progrès que les événements*
» *exigeaient de nous, et nous avons été dépassés.*
» Personne ne voit cela plus clairement que le
» roi. Tout à l'heure j'ai eu une longue conversa-
» tion avec lui à ce sujet, et il me disait triste-
» ment : « Tout ceci doit être changé. Il faut ré-
» former beaucoup de choses. » Les meilleurs et
» les plus sages faillissent, et l'empereur des Fran-
» çais est habile et politique. Quand même les Rus-
» ses et les Prussiens se seraient battus comme des
» lions et que nous n'aurions pas été conquis, nous
» aurions été obligés d'abandonner la lutte, et l'en-
» nemi serait resté avec tous ses avantages. *Nous*
» *pouvons apprendre beaucoup de Napoléon.* Ce
» qu'il a fait ne sera pas perdu pour nous. *Ce serait*
» *un blasphème de dire que Dieu a été avec lui ;*
» *mais en apparence il est un instrument dans*
» *la main du Tout-Puissant pour couper les*
» *branches qui n'ont plus de sève et qui ont*
» *grandi et se sont identifiées au tronc de l'ar-*
» *bre.* Certainement des temps meilleurs vien-
» dront. Notre foi dans celui qui est le bien par
» excellence m'en répond. Le bien seul produit le
» bien. C'est pourquoi je ne puis croire que l'em-
» pereur Napoléon soit ferme et assuré sur son
» trône resplendissant. *La vérité et la justice*

» *seules sont immuables* ; il n'est que sage, c'est-
» à-dire que politique. *Il n'agit pas d'après les*
» *lois éternelles, mais selon les circonstances*
» *qui s'élèvent devant lui.* Aussi son règne est
» souillé d'injustice. *Il n'agit pas généreusement*
» *envers l'humanité,* son but n'est pas légitime.
» Son ambition désordonnée n'a d'autre fin que
» son élévation personelle. Son caractère nous ins-
» pire plus d'étonnement que d'admiration. *Il est*
» *aveuglé par la fortune et croit qu'il a le pou-*
» *voir de faire tout ce qu'il veut ; aussi ne*
» *sait-il pas ce que c'est que la modération, et*
» *celui qui ne se modère pas doit nécessaire-*
» *ment perdre son équilibre et tomber.* Je crois
» fermement en Dieu ; je crois qu'il règle les af-
» faires de ce monde par sa sagesse, et je *ne re-*
» *trouve pas cette sagesse dans les abus de la*
» *force.* Je garde donc l'espérance de temps meil-
» leurs, sortis de nos maux présents. Tous les hom-
» mes de cœur ont la même espérance, le même
» désir, la même attente. Tout ce qui arrive et
» tout ce que nous avons déjà souffert n'est pas
» un état qui doive durer, mais seulement le sen-
» tier qui nous conduira à un état meilleur. Cette
» résurrection est loin de nous, nous ne la ver-
» rons probablement pas, et nous pouvons périr
» en tâchant de l'atteindre.

» Malgré tout, Dieu est juste. Je trouve conso-
» lation, courage, sérénité dans cette pensée et
» dans les espérances qui sont gravées dans mon
» âme. Tout en ce monde n'est-il pas transition ?
» Il faut pourtant le traverser. *Ayons soin seu-*
» *lement que chaque jour nous trouve mieux*
» *préparés que la veille.* Voici, mon bien-aimé
» père, ma profession de foi politique aussi bien
» qu'une femme comme moi peut la définir et
» l'exprimer. Vous y verrez que vous avez une
» fille résignée dans son adversité, que les prin-
» cipes de foi chrétienne et de crainte de Dieu
» que vous lui avez donnés portent à présent leurs
» fruits, et continueront à le faire jusqu'à son der-
» nier soupir.

» Nos enfants sont nos vrais trésors, et nous les
» regardons avec une satisfaction complète et une
» juste espérance. Le prince royal est plein de
» vivacité et d'esprit, qualités remarquables qui
» sont heureusement cultivées. Il est vrai dans
» ce qu'il sent et ce qu'il dit. Il lit l'histoire avec
» intelligence. Il a pour le grand et le beau un
» attrait remarquable. Ses saillies nous amusent
» déjà. Il est tendrement dévoué à sa mère et a
» le cœur pur. Je l'aime de toute l'ardeur de mon
» âme, et je lui parle souvent des devoirs qu'il
» aura à remplir lorsqu'il sera roi.

» *Notre Guillaume* sera, si je ne me trompe,
» comme son père, simple dans ses habitudes,
» droit et intelligent. Il lui ressemble beaucoup,
» mais il ne sera pas si beau... Charles est bon
» enfant, gai, droit, plein d'intelligence et de ta-
» lent...

» . .Les circonstances et les situations forment
» les hommes, et il est peut-être heureux pour
» nos enfants d'avoir connu le malheur dans leur
» enfance. S'ils avaient été élevés au milieu du
» luxe et des jouissances, ils auraient pu croire
» que ces biens leur étaient dus. Ils voient sur le
» front soucieux de leur père et dans les lar-
» mes de leur mère qu'il peut en être autre-
» ment. »

Dans la vie sociale de la Prusse, on reconnaissait qu'il fallait tout modifier ; au dessus de Stein
et de ses collègues, les souverains le reconnais-
saient aussi, il y avait les réformes nées des
principes de la Révolution française. La présente
lettre le témoigne. Restent les jugements portés
sur Napoléon ; ils se concentrent dans le mot :
admiration. Mais sa diplomatie y est jugée comme
ayant manqué de *générosité* non seulement à
l'égard de la Prusse, mais encore à l'égard de l'humanité. Ce dernier mot était bien gros en 1809 ;
il a fallu la Retraite de Russie pour le rendre vrai

et rien ne pouvait autoriser cette expédition alors. Les *abus de la force*, ajoutait la princesse, voilà ce qu'il faut condamner; en cela elle avait raison[1].

Si durant deux années consécutives, de l'été 1805 à l'été 1807, elle n'avait soufflé la colère, la haine et la vengeance, le parti militaire se sentant livré à lui-même n'aurait pas compté sur le succès et n'aurait pu organiser les désordres dont Berlin fut le théâtre en 1806. Combien son rôle de mère est autrement beau et touchant dans sa retraite de Memel ou de Hufen! Les principes de *foi chrétienne* dont parle sa lettre, et que le duc de Mecklembourg avait inspirés à sa fille, ne les avait-elle pas négligés durant sa magnifique prospérité? Ne recueillit-elle pas à Tilsitt les conséquences de ses fautes lentement accumulées et depuis Iéna absolument aggravées par elle seule au point de modifier toute la politique de son mari et de certains de ses ministres.

Toujours une politique tortueuse! on en était devenu honteux. On avait cru se relever par des provocations outrageantes devant l'hôtel de l'ambassadeur de France d'abord et plus tard par le

---

1. L'Empire de Charlemagne était dépassé. La domination napoléonienne allait du détroit de Gibraltar à la Vistule, des Alpes à l'Adriatique, des monts Bohêmes à la mer du Nord.

rejet de toutes les propositions de paix. Le Tzar envisagea-t-il tout cela en réglant ses affaires, c'est probable ; de là son abandon.

La reine Louise était une des plus belles personnes de son temps en 1807 et les témoins de l'entrevue de Tilsitt l'ont tous établi. Elle a dû à sa beauté un ascendant que les circonstances rendirent funeste à la France et à la Prusse. Elle s'était mêlée des affaires publiques, elle y avait acquis de l'influence par son assiduité, ce que Thiers a nommé « une certaine habitude ». Mais cet historien ne craignait pas d'écrire d'elle qu'elle y avait pris *une part indiscrète*, témoignage très adouci sur une princesse dont il rappelle la force de caractère et d'esprit. L'Empereur en fut embarrassé dans ses entretiens et il ne put lui résister qu'en la comblant de respects. En restant évasif, il se déroba à ses pressantes instances, sa tactique fut une fuite continuelle ; ne la poussa-t-il pas trop loin ? Bignon ne l'a pas pensé, ce n'est pas notre avis. Napoléon eût tout gagné à s'attacher le cœur ardent et trop chevaleresque de cette femme si influente. Vainqueur généreux, il aurait paralysé par elle les intrigues de l'Angleterre ; sa mort n'aurait point été aussi hâtive et n'eût pas créé une légende fausse, dangereuse, pleine de périls pour l'avenir, issue de Tilsitt.

Lorsque Napoléon et Alexandre furent d'accord, la France et la Russie furent unies.

« La signature donnée par les Russes entraînant
» celle des Prussiens causa à ces derniers une
» vive émotion. Après avoir, comme de coutume,
» dîné le 8 chez Napoléon, après lui avoir adressé
» quelques plaintes remplies de fierté et quelques-
» unes à Alexandre remplies d'amertume, elle
» sortit accompagnée par Duroc qui n'avait cessé
» de lui porter un vif attachement, et elle se jeta
» dans sa voiture en sanglotant. Elle repartit tout
» de suite pour Memel où elle alla pleurer son
» imprudence, ses passions politiques, la fâcheuse
» influence qu'elle avait exercée sur les affaires,
» la fatale confiance qu'elle avait mise dans la
» fidélité des chefs d'empire, à leur parole et à leurs
» amitiés. »

Ce dernier côté de la question, voilà ce qu'ont oublié à dessein les créateurs de la légende prussienne de la reine Louise depuis un siècle. L'histoire n'a-t-elle pas d'autres devoirs?

Les conséquences des Traités de Vienne, si favorables à la Prusse dont ils *doublèrent* la population et les territoires, n'ont-elles pas plus que réparé une destruction passagère! De cela, on ne dit mot parce que 1815 réduirait à néant toutes revendications. C'est donc par un mensonge qu'on trompe les esprits et qu'on entraîne les imaginations, puis les convictions.

L'Empereur, a-t-on dit, a été ignominieux à l'égard de la reine comme il l'était pour toutes les femmes. Cette assertion constitue encore un autre mensonge, en Allemagne notamment. Il y avait rencontré trois adversaires inattendus : celle dont nous parlons, la duchesse de Saxe-Weimar et la princesse de Hatzfeld. Il se montra doux pour les deux dernières, et s'il fut dur pour la reine, c'est qu'il avait connu l'inflexible dextérité de ses intrigues, leur continuité et leur violence. A Charlottenbourg, il en avait eu les *preuves écrites de sa main.*

Le témoin de ces preuves nous en a instruit, et quel témoin que le général de Ségur, deux fois illustre !

L'Empereur était entré à Berlin le 25 octobre et s'était rendu le jour même à Postdam, puis à Charlottenbourg avec son aide de camp. Le château était désert, comme abandonné. Le nouvel hôte avait pénétré dans les appartements qui devaient, pensait-il, être autrement intéressants pour lui que les pièces d'apparat. Il ne se trompait pas et ses découvertes furent conformes à ses recherches. Leur résultat surpassa ce qu'il attendait. Ne pas être l'ami de toujours, il n'y avait pas à en être surpris ; mais découvrir qu'on l'avait en aversion, quelle surprise ! Après avoir fait offrir le trône à Bonaparte par deux fois, après en avoir obtenu tout à la paix de Lunéville, Napoléon apprit ce qu'il ne soupçonnait pas. Dans la chambre à coucher de la reine, il alla au secrétaire de celle qu'il appelait une nouvelle Armide, il trouva une quantité de lettres des plus intimes et connut jusqu'où allait son aversion sans mesure, doublée d'une parfaite hypocrisie. On eût dit qu'en entrant dans la famille des Hohenzollern, la princesse de Mecklembourg-Schwerin cherchait à aggraver les haines prussiennes déjà injustifiables par elles-mêmes.

N'est-il pas naturel d'en conclure que c'est à cette constatation indiscutable qu'il faut attribuer les insinuations des bulletins de la *grande armée*, les accusations du journal officiel, l'esprit des stipulations de 1807 et leur maintien après les entrevues du camp de Tilsitt. Il eût été peut-être plus sage de s'en plaindre dans le tête-à-tête des entretiens impériaux, de s'expliquer franchement et de se montrer généreux.

En accourant pour défendre le pays par elle compromis, la reine avait le droit de soutenir que sa présence était une amende honorable ou au moins une excuse. Une telle attitude, après l'arrogance de l'année précédente, aurait mérité quelque bienveillance. Malheureusement, la victoire entraîna avec le tzar une suite de plans dans l'exposition desquels disparurent les lois ordinaires de la prudence.

Les souverains vaincus retournèrent à Memel, séjour des angoisses et des amertumes finales. Abattue désormais, la reine Louise oublia les joies innocentes de Francfort, suivies d'un mariage inespéré, les fêtes magnifiques de Berlin au début de son règne, les enivrements de la cour et du trône. Ses enfants, l'avenir de sa nouvelle patrie [1], des réformes aussi violentes mais nécessaires et aussitôt appliquées l'occupèrent désormais. Sa correspondance et la vie prussienne de cette époque dévoilée par les papiers publics de Stein, par les lettres de Blücher comme par les publications importantes qui sont aujourd'hui du domaine de l'histoire le témoignent.

La fiancée du 23 décembre 1793 entra à nouveau à Berlin le 23 décembre 1809, une année après le départ du comte Daru et du baron Bignon. Son propre père accourut la recevoir. Avec tous les

1. « La liberté morale, disait-elle, nous rendra la liberté poitique. Nous nous étions endormis, et laissés corrompre. Travaillons à nous réformer selon la justice, et Dieu bénira nos efforts. La leçon d'Iéna sera dure, mais précieuse ; elle nous a réveillés. »

siens, elle visita Postdam; fécond en souvenirs cruels, Charlottenbourg témoin de ses violences belliqueuses, puis Peretz séjour heureux. Avec l'été de 1810 elle voulut consoler ses tristesses en séjournant quelque temps dans son pays natal, le Mecklembourg dont la désolation ou les paysages mélancoliques répondaient si bien à l'état de son âme. Durant ce voyage, elle succomba à la maladie de langueur qui s'était emparée d'elle et mourut à Hohenzieritz le 10 juillet. Une seule mais suprême consolation lui fut donnée : elle succomba entourée de sa famille. Son mari, ses enfants, son père et ses sœurs lui fermèrent les yeux.

Le 23 décembre, son fils Charles conduisit son corps à Charlottenbourg où elle repose dans un mausolée spécial.

La reine Louise était morte à 34 ans.

CHAPITRE XIII

BLUCHER, SCHARNHORST, GNEISENAU

SOMMAIRE

I. Carrière de Blücher. — Lettre politique sur 1809. — Lettre sur Waterloo. — II. Carrière de Scharnhorst. — Réorganisation de l'armée. — La *Tugend-Bund*. — Anecdote du général de Ségur sur l'assassinat tenté contre le duc d'Auerstœdt, à Berlin. — Hardenberg organise militairement la *Ligue de la Vertu*. — La comtesse Dohna, fille de Scharnhorst, à Kœnigsberg. — Lettre de Gneisenau à Arndt sur les revendications de 1815. — III. Carrière de Gneisenau. — Il inspire à Blücher le projet d'occuper Paris malgré les Souverains. — Engagements de Napoléon en 1815. — Les protestations contre la *revanche* entre la France et la Prusse pour l'avenir, après Ligny.

I

Blücher était originaire de Rostock, duché de Mecklembourg [1]. Fils d'un capitaine au service de la Hesse-Cassel, il s'engagea jeune dans un régi-

1. A raison de son université, cette ville resta commune aux deux duchés lors du partage qui divisa le pays en Mecklembourg-Strelitz et en Mecklembourg-Schwerin.

ment de hussards suédois comme porte-enseigne. Ironie du sort des batailles, le futur feld-maréchal des Hohenzollern fut fait prisonnier à Suckow par les Prussiens et incorporé de force dans leur armée, à titre de cornette des hussards noirs, en 1760. Capitaine dix ans plus tard, il se fit remarquer dans la guerre de Pologne par sa cruauté contre les prisonniers et son général en chef l'en punit en lui refusant sa promotion à un grade supérieur. Il démissionna, Frédéric II lui accorda en 1773 cette note d'expulsion : « Le capitaine Blücher est congédié et peut aller au diable. » Il ne reprit du service qu'en 1786 et rentra dans son ancien régiment dont il devint major-colonel, en 1790, au moment où tout promettait la guerre contre la France, il la fit en 93 et 94 avec une audace et une fougue sauvage ; on l'en récompensa en le nommant général-major en 95 et lieutenant-général en 1801. Chef de cavalerie important, il assista à la bataille d'Auerstœdt où Davout le fit canonner dès le début de la journée ; il avait éclairé trop tard l'armée royale dont le prince Guillaume commandait les quinze mille chevaux. Mais, vers la fin de la bataille, il avait proposé de réunir toute la masse et de se précipiter sur notre infanterie en désespérés. Le roi refusa : attestation nouvelle de l'incapacité militaire de ce souverain. Son armée perdit 115 pièces de canon, alors que le corps de Davout en possédait à peine 44 pour 26 mille hommes présents au drapeau.

A la tête de ses escadrons Blücher s'élança vers la Poméranie, refusa d'obéir au prince de Hohenlohe qui lui mandait de couvrir sa retraite sur Stettin. Coupé lui-même par Klein, il affirma à ce général qu'il y avait *armistice*, ce qui était faux, se jeta dans le Mecklembourg qu'il ravagea et ne déposa les armes qu'à Lubeck ; cette ville neutre connut par lui les horreurs d'une place prise d'assaut [1]. Prisonnier, il fut échangé contre le général Victor, le futur duc de Bellune, et se rendit à Kœnigsberg où son souverain le reçut avec distinction, ce sur quoi il offensa les règles justes de la discipline.

Un publiciste prussien, Fréd. Buchholz lui reprocha dans son ouvrage, *Les caractères prussiens*, imprimés en 1808, d'avoir été l'un des auteurs du désastre d'Iéna et d'avoir menti au prince de Hohenlohe pour mieux lui désobéir [2].

Il n'en faisait pas moins envoyer des *cartels* par les officiers de hussards de son régiment à

1. Voir nos *Capitulations militaires de la Prusse* en 1806 et en 1807 pour les divers événements auxquels Blücher fut mêlé.

2. Buchholz, p. 121 à 124.

ceux qui signalaient les fautes militaires commises.

Malgré ses culpabilités d'insubordination, on
doit reconnaître qu'il comprit seul *parmi ses
égaux* les devoirs professionnels, et s'il les outre-
passa ce n'est pas une raison suffisante pour lui
refuser une constatation équitable.

Il vérifia par son énergie ce qu'il écrivait à ses
amis : « Il n'y a pas de général plus valide que
moi. » Autrement que son célèbre rival de 1815,
Blücher était d'une volonté de fer. On tenta en 1809
de l'éloigner de l'armée, le roi le protégea contre
les brouillons de la cour de Kœnigsberg. Pour l'en
remercier, il lui écrivit une lettre peu connue [2] dont la portée politique surtout n'échap-
pera pas au lecteur. Elle est du 9 octobre et
redit les conséquences des victoires françaises
pour la Prusse : *Le malheur qui nous menace est
effrayant* ! Voici ses conseils et ses craintes :

« La réoccupation de la plus grande partie des
» États de Votre Majesté Royale par les Français
» n'est pas douteuse. Nous aurons le sort de la

1. *Ibid.* p. 111.

2. Le général prussien de Colomb a publié en traduction
française les *Lettres de Blücher*. Un de nos officiers, le capitaine
Conchard Vermeil, l'avait précédé en mars 1877 dans sa bro-
chure *Le maréchal Blücher*. On lui emprunte ici un texte élé-
gamment rendu.

» Hesse et *nous serons supprimés d'un trait de*
» *plume* par Napoléon. Nous n'avons donc rien à
» perdre, car une mort honorable est préférable
» à une existence marquée d'une flétrissure pu-
» blique. Votre Majesté Royale peut encore sau-
» ver, Elle, la famille royale et le pays, en nous
» mettant les armes à la main. Avec des res-
» sources bien moindres, le grand Frédéric sut
» maintenir l'intégrité de ses Etats. Votre Majesté
» royale peut, en effet, compter sur une armée de
» 60.000 hommes, sur un nombre égal partie
» exercés, partie en état de porter les armes et
» sur le pays tout entier, qui assurément aimera
» mieux combattre pour son souverain et mourir
» à sa voix que porter le joug de l'étranger. Toute
» l'Allemagne, *dont la liberté dépend unique-*
» *ment de Votre Majesté Royale*, peut et voudra
» faire cause commune avec nous. Que ne ferions-
» nous pas si notre roi voulait seulement se dire
» nôtre, combattre avec nous et préférer la mort
» au déshonneur ! Pour moi, qui resterai fidèle à
» mon roi légitime jusque dans la mort, puissè-
» je périr si nous n'obtenons pas gain de cause
» en marchant droit ! Je demande à Votre Majesté
» Royale de vouloir bien écouter mon humble
» prière et de la recevoir telle que je la porte à vos
» pieds avec la franchise d'un homme allemand. »

Il entendait alors s'emparer de Stettin, ce qui était une *nouvelle guerre*, il demandait de nouvelles étapes pour les troupes du Brandebourg, s'élevait entre les funestes conseillers qui avaient perdu la patrie par leur pusillanimité, redoutait l'agrandissement du royaume de Westphalie, attestant l'exemple des Espagnols et des Tyroliens qu'il appelait *un rayon d'espérance*. « Sinon, s'écriait-il, nous périrons pour n'avoir pas su défendre nos foyers ! »

Envisagé dans son patriotisme, cet exposé est honorable ; mais ce qu'il ne faut pas oublier, ce sont les causes de Tilsitt et Blücher n'en parlait jamais. Son exemple a été fidèlement suivi par Hardenberg et aujourd'hui encore le prince de Bismarck a développé ce silence qui est devenu un *système*.

On oublie les révoltes publiques de l'armée prussienne dans la série des griefs travestis que l'on expose à Berlin depuis 1870. On se garde de citer les faits avancés par le duc de Bassano dans un document officiel, *rapport fait à l'Empereur* et communiqué au Sénat le 1ᵉʳ avril 1813. Or, on y lit d'étranges choses. Des régiments entiers, cédant à l'influence des sociétés secrètes, accouraient dans les rangs de nos ennemis, en 1809. Au retour de la Russie, le duc d'Yorck obligeait nos armées par sa défection à évacuer la Vistule et à se porter sur l'Oder. La Prusse offrait d'autres contingents pour mieux tromper, mais le général Bulow ouvrait bientôt ses cantonnements aux Russes. Son cabinet jetait le masque, appelait la jeunesse de 17 à 24 ans, le chancelier convoquait les coryphées des sectes, des officiers se rendaient avec éclat au quartier général russe et l'ambassadeur avouait le traité avec le Czar.

Le comte Beugnot, qui fut un modèle comme administrateur du grand-duché de Berg, ne garda pas le silence sur ce dont il était le témoin, en 1811 notamment. Il insista sur ce qu'avaient donné aux Prussiens de confiance les *gloires d'un long règne* et surtout *une idée exagérée d'eux-mêmes*. Il l'écrivit au duc de Bassano son ami intime et lui écrivait, ce que déclarent ses *Mémoires*, que tout n'était pas fini avec des hommes qui ne s'avouaient pas vaincus et *qui rêvaient la vengeance* lorsque l'ennemi les tenait sous ses pieds [1].

Est-ce à ces déclarations intimes qu'on le doit, toujours est-il que cette même année 1811 Napoléon fit enlever son commandement de Poméranie à Blücher.

Il obtint celui de l'armée prussienne en mars

1. *Mémoires* 2ᵉ édit., p. 251.

1813, sous le titre d'*armée de Silésie* [1] malgré ses soixante-et-onze ans. Il assista à Lutzen, à Bautzen, battit Macdonald à Katzbach et dirigea une masse compacte, forte de 120 mille hommes. Le 3 octobre 1813 il franchit l'Elbe à Dresde, accabla les Saxons de mauvais traitements malgré le roi, combattit à Leipzig où il gagna le bâton de maréchal [2], entra en France le 17 janvier 1814 et s'écria après la Rothière : *Je veux planter mon drapeau sur le trône de Napoléon*. Il oubliait que les Alliés se battaient alors dix contre un et que Napoléon est plus grand à lui seul que tous les capitaines les plus fameux réunis.

De sa conduite durant la campagne de France il reste cette appréciation générale aujourd'hui qu'il se conduisit en *chef de partisans* et en colonel de pandours. Fait prince de Wahlstatt, il parut à temps à Waterloo, où l'entraîna, par son ascendant, Gneisenau son conseil, pour sauver Wellington d'un désastre certain. Il l'a avoué à

1. Notre ministre à Berlin, le comte de Saint-Marsan, informa le prince Eugène de l'*armement considérable* de la Prusse, des effets de la conscription de la Tugend-Bund, d'où 50 mille hommes plus le corps de Bulow et les garnisons de Colberg, Graudentz (18 févr.)

2. Napoléon n'avait que 160 mille hommes contre 300 pourvus de tout, au sein de leur pays. Il allait être poursuivi à 300 lieues de Strasbourg.

Magdebourg quelques mois plus tard, dans une conversation instructive avec le grand Carnot : *Nous avons été plus heureux qu'habiles*, lui dit-il [1].

De la ferme de la Belle-Alliance, il écrivit à sa femme :

« Ce que j'avais promis, je l'ai tenu...

» Jamais victoire n'a été plus décisive. Napo-
» léon s'est échappé pendant la nuit, abandon-
» nant son chapeau et son épée que j'envoie au-
» jourd'hui au roi. Sa riche garde-robe, sa voiture
» sont aussi entre mes mains ainsi que la lunette
» dont il se servait pendant la bataille. Je veux
» t'expédier la voiture ; je regrette seulement
» qu'elle soit endommagée. Les pierreries et autres
» choses précieuses sont devenues la proie de nos
» soldats. Il n'a rien sauvé de son équipage ; maint
» soldat a de 5 à 6 mille thalers de buttin. Il était
» en voiture pour se sauver lorsqu'il fut surpris
» par nos troupes ; il sauta alors de voiture et
» monta à cheval sans épée, avec tant de précipi-
» tation qu'il laissa tomber son chapeau. Il n'a

1. Blücher fut foulé aux pieds des chevaux dans une charge à Ligny et ne fut pas reconnu. Deux régiments de cuirassiers lui passèrent sur le corps, 6e et 9e, brigade Vial, division Delort, 4e corps de cavalerie dirigé par le comte Millaud, l'un des plus fougueux jacobins envoyés en mission aux armées, en 1793, par Robespierre.

» vraisemblablement dû son salut qu'aux ténèbres
» de la nuit. Dieu sait où il est. »

« Je supplie respectueusement Votre Majesté,
» écrivait-il au roi le 22 juin, d'avertir les diplo-
» mates qu'ils ne perdent pas encore une fois ce
» que le soldat a gagné avec son sang. Cet ins-
» tant est le seul et le dernier où nous puissions
» nous assurer contre la France. Votre Majesté
» sera honorée comme *le fondateur de la sécurité*
» *allemande* et nous jouirons du fruit de nos ef-
» forts sans avoir besoin de rester l'épée à la
» main. »

De tous les Allemands, les Prussiens furent les plus acharnés et leur nombre a fait oublier la responsabilité des anciens confédérés du sud. Blücher, lui, n'avait qu'un but : la conquête de Paris et un résultat pratique ; s'approprier l'Alsace, la Lorraine, les trois Evêchés, comme territoires allemands aux temps féodaux. Du démembrement de l'*Empire carolingien*, jamais un mot sur ces mêmes provinces.

Blücher est tout entier dans ces colères et ces constatations minutieuses. Patriote indomptable, il mériterait notre admiration sans ses cruautés de 1814 et de 1815 ; elles furent un système.

Les lettres à sa femme sont supérieures, par le ton qui y règne, à ses jactances de Paris.

Ses lettres en fourmillent, autant contre Louis XVIII que contre Napoléon.

« Paris est à moi, écrivait-il en 1815. Je sais par expérience qu'on ne recueille bien les fruits d'une victoire qu'en poussant les conséquences jusqu'au bout. »

Des fautes de la reine Louise, jamais rien ; sur les culpabilités de 1806, toujours le silence

Son premier mot, bien au contraire, en contemplant Paris des hauteurs de Montmartre fut ce cri à retenir : *Enfin, la reine Louise est vengée.*

II

Scharnhorst, un de ses collaborateurs sûrs, naquit en Hanovre, à Bordenau, l'année 1755. Il s'engagea au service de Lippe à dix-huit ans, passa dans l'armée de son pays comme porte-enseigne en 1776, devint professeur à l'école d'artillerie en 1786 et y écrivit son *Manuel des officiers*. Capitaine en 92, major en 94, lieutenant-colonel en 96, il quitta son pays parce qu'on lui refusait un régiment. La Prusse l'accueillit, l'anoblit ; on le nomma colonel et précepteur du prince royal. Blessé à Auerstœdt dans l'état-major du généralissime, il suivit Blücher ; échangé, il combattit à Eylau et fut promu général-major à la paix. Ministre de la guerre, il composa un *conseil d'enquête* qui expulsa de l'armée les indignes et les incapables, établit en théorie militaire que l'armée résidait dans la nation, idée démocratique égale à celles que répandait Sein à pleines mains sans aucun souci des opinions de Pitt ou de Pozzo di Borgo. Chassé en 1810 par ordre de Napoléon, il continua secrètement ses fonctions. Chef d'état-major de Blücher à Lutzen, il y tomba en vaincu, les armes à la main.

Frédéric-Guillaume III avait trouvé l'armée de son père à 200 mille hommes d'effectif ; les congés la réduisaient de plus du tiers en temps de paix. Quoique Frédéric-Guillaume Ier eût établi comme base du recrutement [1] le *service obligatoire* pour tous, il y eut des exemptions. On eut les exemptions accordées à certaines villes comme Berlin et Postdam, ou bien à des communautés rurales comme le comté de La Marche, ou bien à des cercles industriels comme ceux de la Silésie. On eut aussi les exemptions accordées aux personnes, à des nobles, à des fonctionnaires, à des

---

1. On trouvera dans les articles de M. Cavaignac, député et fils de l'illustre général de ce nom, publiés sous ce titre : *La Prusse après Tilsitt*, une histoire complète de la réforme militaire accomplie dès 1808. Ce beau travail comble la plus regrettable des lacunes dans notre histoire militaire comparée. (*Rev. des Deux-mondes*, 15 septembre 1890),

industriels, à des mineurs et à des tenanciers ruraux. A côté des indigènes, fondement de l'institution, on avait admis les étrangers et on les avait maintenus dans le devoir à côté des fils de paysans, qui étaient la partie nationale, par un atroce supplice [1]. Kant déclarait infâme celui qui faisait le métier de soldat.

En revanche, la noblesse était tout et les colonels recrutaient leur corps d'officiers. Un lieutenant avait le pas sur les chambellans. Le vieux corps des contemporains de Frédéric II devait tout perdre, et il faut que leur jactance ait été immense pour qu'ils contestassent la grandeur des campagnes de nos armées en 1794, en 1795, en 1796-97, en 1799, sans mentionner l'Egypte, en 1800 à Marengo et à Gênes, enfin, à Austerlitz !

Dès 1792, Scharnhorst avait pris la défense des *armées permanentes* [2] et les avait déclarées su-

1. La *Gassenlaufe* consistait à frapper jusqu'à trente fois en 2 jours, avec 200 baguettes trempées dans de l'eau salée, le soldat sur la chair. On liait ses pieds pour que le supplice parvînt à mettre son corps en lambeaux, une balle de plomb placée dans sa bouche étouffait ses cris ; c'était une mort lente, mais sûre.

C'est ainsi qu'on apprenait l'honneur dans les troupes de la reine Louise.

2. Niebuhr a protesté contre cette création ; il la déclarait née dans le cerveau de capitaines incultes et observait qu'elle

périeures à la *nation armée* du système démocratique. Personnellement éclairé par Austerlitz, il proposait en avril 1806 un projet de *milice nationale* et en novembre 1807 un autre projet, radical cette fois, d'insurrection nationale.

Il faut, s'écriait-il, *inculquer à la nation le sentiment de son indépendance, détruire les anciennes formes, briser les liens du préjugé, guider l'amour de la régénération et ne la point troubler dans son libre développement* [1].

A cet appel d'avril 1806, Gneisenau ajoutait en décembre la suppression de toutes les exemptions et l'accès des grades pour tous.

L'Expédition de Russie releva la Prusse et consacra son système de recrutement.

C'est son Programme qu'on avait suivi, et non celui de Stein, *pour réorganiser l'armée prussienne*. Il passe pour avoir été le plus savant et le plus habile des généraux de son pays à cette époque. Sa situation de ministre ne l'empêcha pas

abaissait nécessairement la valeur intellectuelle de son pays. Que dirait-il aujourd'hui?

1. Marwitz félicitera le roi de Tilsitt, en 1830, d'avoir détruit l'œuvre des réformateurs dans l'intérêt de la noblesse. C'est par le retour au régime féodal que la Prusse est en proie au socialisme le plus destructeur. Heine le prédisait à la même date.... Et on l'appelait traître parce qu'il parlait avec le génie du sens commun dans la patrie de Kant!

de s'affilier comme Blücher, avec Gneiseneau, à la société secrète de la *Ligue de la Vertu* créée après la mort de la reine Louise. L'espoir d'un affranchissement prochain en avait été le mobile. Ses créatures étaient tous les personnages politiques de la monarchie. Le prince Louis-Ferdinand, le chef de partisans Schill, ses émules Katt et Dorner, l'éloquent professeur Fichte, le pamphlétaire Arndt, le poète patriote Kœrner, le ministre remercié Hardenberg, le ministre expulsé Stein, en étaient les principaux membres.

Pendant ces faits, on négociait officiellement pour mieux nous tromper, d'avril 1812 à mars 1813 [1].

Se préoccupant peu des sentiments de la Prusse, Napoléon connut mal et s'inquiéta peu de ce mouvement de l'opinion. Son habileté fut ici en défaut, car l'impuissance de fait du *Tugend-Bund* pendant la paix pouvait devenir au jour du danger une force par le rapprochement de toutes les classes, de tous les intérêts. Hardenberg a raconté les efforts des chefs pour calmer les esprits jusqu'au temps du succès. La prudence dut se super-

---

1. Le comte de Garden a publié les terribles dépêches du comte de Saint-Marsan qui retournait au baron de Hardenberg ses arguments par des textes, des preuves et des chiffres. (V. t. XIV., p. 220, y compris la Note prussienne du 16 mars 1813.)

poser à la haine pour enchaîner son ardeur. Stein qui dirigeait secrètement, soit de Memel, soit de Saint-Pétersbourg, s'y réjouissait de ses réformes parce qu'il avait favorisé par elles les intérêts, les passions et les vanités, parce qu'il avait réchauffé ainsi le patriotisme de toutes les classes sociales [1].

L'organisation de la *franc-maçonnerie* fut choisie comme modèle.

On donna à ses statuts le type des *Comités de l'Irlande* tels qu'ils furent créés là-bas en 1791. Le soulèvement de 1813 prouve qu'il avait secondé avec prévision la ligue qu'on avait préservée des sottises et des folies de l'illuminisme de Bichofwerder et de Weisshaupt.

Que penser cependant d'une monarchie où l'on voit un ministre de la guerre membre d'une société secrète ?

L'effet, on le trouve dans un récit contemporain.

Le général de Ségur a raconté qu'en passant dans une ville prussienne, lui troisième, le maréchal Davout avait été menacé de mort à son retour de Russie. Voici son récit, que nul ne peut suppléer.

« Davout traversait — lui troisième — X. Cette

1. Conf. *Mémoires d'un homme d'État*, t. X, p. 74 et s.

» ville attendait les Russes ; sa population s'émut
» à la vue de ces derniers Français. Les murmu-
» res, les excitations mutuelles et enfin les cris
» se succédèrent rapidement ; bientôt, les plus
» furieux environnèrent la voiture du maréchal
» et déjà *ils en dételaient les chevaux,* quand
» Davout paraît, se précipite sur le plus insolent
» de ces insurgés, le traîne derrière sa voiture et
» l'y fait attacher pas ses domestiques. Le peuple,
» effrayé de cette action, s'arrêta saisi d'une im-
» mobile consternation, puis il s'ouvrit doucement
» et en silence devant le maréchal qui le traversa
» tout entier en emmenant son captif. »

Les larmes des choses, les voilà dans leur sim-
plicité tragique.

Chose curieuse ! ce ne sont pas les militaires
qui ont organisé militairement les branches diverses de la *Tugend-Bund,* c'est le ministre
Hardenberg. Deux édits rendus à Breslau les 3 et
9 février 1813 appelaient à en faire partie comme
volontaire tous les jeunes gens de dix-sept à
vingt-quatre ans. Leur uniforme était copié sur
celui que portaient Stein et Schill : la casquette
d'étudiant, la redingote courte et serrée par une
lanière de cuir. Nul ne pourrait se marier s'il
n'avait appartenu à ce corps et n'était capable
d'occuper aucune fonction publique.

« Les dangers qui menacent aujourd'hui l'Etat,
» y était-il dit, exigent une prompte augmenta-
» tion de nos troupes, tandis que l'état de nos
» finances ne permet aucun surcroît de dépenses.
» L'amour de la patrie et l'attachement à leur roi
» qui ont toujours animé les peuples soumis à la
» monarchie prussienne et qui se sont prononcés
» dans les cas de danger n'ont besoin, pour être
» dirigés vers un but déterminé, que d'une occa-
» sion favorable à la brave jeunesse pour qu'elle
» puisse déployer le courage qui l'appelle dans
» les rangs des anciens défenseurs de la patrie,
» afin de remplir à côté d'eux le plus beau de ses
» devoirs envers le royaume. C'est dans cette vue
» que S. M. a daigné ordonner la formation de
» détachements de chasseurs destinés à être anne-
» xés aux bataillons d'infanterie et aux régiments
» de cavalerie dont se compose l'armée afin d'ap-
» peler au service militaire les classes des habi-
» tants du pays que les lois n'y obligent point et
» qui sont cependant assez fortunés pour s'habil-
» ler et s'équiper à leurs propres frais et pour
» servir l'Etat d'une manière compatible avec
» leur position relative du civil, et afin de donner
» à des jeunes gens instruits l'occasion de se dis-
» tinguer pour devenir un jour d'habiles officiers
» ou bas-officiers. »

Des publicistes allemands, parmi lesquels il faut placer le comte de Garden, ont avoué que le roi de Prusse et ses ministres avaient ordonné *en secret* à leurs généraux d'abandonner *nos rangs* et de préparer *au milieu de nos troupes* les armements destinés à les combattre. Si Napoléon eût donné à la Saxe la province de Silésie en 1807 et celle du duché de Prusse ancien fief de la couronne de Pologne, les héritiers de Frédéric II fussent redevenus ducs de Brandebourg. Il ne le fit pas. Il eût été plus sage d'accabler Frédéric-Guillaume de sa générosité en laissant sa puissance territoriale intacte et en se bornant à une indemnité financière, à Tilsitt. La coalition eût été plus sûrement démembrée par cette politique et cet acte de haute sagesse que par le génie de Napoléon et les victoires de ses armées.

La pensée d'apprendre à un pays le métier des armes et la résolution de l'y façonner appartiennent en propre à Scharnhorst. Œuvre de désespoir, ce moyen d'action est aussi condamnable comme esprit de conquête lorsqu'il est conservé après le danger à l'état d'*institution* qu'il était justifiable comme moyen de *défense* à l'époque d'une guerre nationale. C'est de là qu'est sortie aujourd'hui la situation de troubles où nous voyons l'Europe. Le patriotisme est de tous les temps et de tous les pays, c'est bien. Mais en 1808 et 1813 il inspira des ennemis oublieux de 1793, et de 1806 à Berlin comme il en inspirait d'autres aussi oublieux à Vienne de leurs guerres de 1792 et de 1799, de 1800, de 1805 et de 1809. C'est ainsi qu'on fausse l'histoire. Non, certes, que nous oubliions les torts et les desseins désordonnés de Napoléon dès 1808. Il faut cependant reconnaître qu'on le poussa à les commettre et la politique anglaise eût été définitivement vaincue si l'Empereur avait conservé le sang-froid du Premier consul, Bonaparte.

L'histoire de la société allemande après Tilsitt, en 18 3 surtout, redit l'exaltation du patriotisme prussien devenu la passion universelle du moment, des universités aux comptoirs, des ateliers aux fermes rurales. La cause nationale eut surtout les femmes pour âme des cercles patriotes. Elles voulurent venger leur reine que poétisaient ses malheurs et sa consomption lente, cause de sa fin. L'armée les occupa beaucoup et à côté des Hetz et des Prochaska, des Früger, des Hützow-Ahlefeld et des Fichte, on ne devra pas s'étonner de trouver la fille de Scharnhorst.

C'est à Kœnigsberg que résidait la comtesse Frédéric de Dohna, celle qu'on a appelée *la plus belle héritière de l'esprit paternel*, ou encore *la souveraine de l'enthousiasme.* Dans son salon se récitait l'œuvre du jeune Ruckert : *Sonnets cuirassés,* ou bien *Lire et Epée* de Théodor Kœrner, puis les chants de Arndt. Ce dernier a tracé une esquisse de cette maison de Kœnigsberg au moment où l'effervescence qui prépara 1813 en avait fait le quartier général de la revanche anti-napoléonienne en titre, mais surtout de la revanche anti-française en fait.

« Tous les Dohna, dit-il, étaient à la hauteur
» du temps. Leur maison, leurs amis et leurs
» compagnons formaient comme la couronne de
» fleurs de la société de Kœnigsberg ; mais la
» véritable *reine* était la superbe Julie, tout im-
» prégnée de l'esprit de son père. En sa figure,
» en ses sentiments, en ses manières même, elle
» était la vivante image du noble Scharnhorst :
» svelte, blonde, belle, avec des yeux de Thus-
» nelda, bleu comme l'azur du ciel, tel qu'on aime
» à les prêter aux filles du Hartz et du Weser, de
» ce pays des Chérusques où s'élevait la maison
» rustique des pauvres parents de Scharnhorst. »

Dans ce salon naquit le fameux *Comité* de femmes (trente) appartenant à toutes les classes et qui comptait sept princesses. La légende de la reine Louise en est sortie, avec ses revendications et ses haines.

Ceux que l'on nommait *les hommes de bronze,* Stein et Arndt, furent dépassés, annihilés par ce comité.

III

Gneisenau devint en 1815 l'un des généraux célèbres de son pays, il a possédé réellement les qualités qui font les hommes de guerre marquants [1]. L'exposé de son rôle est nécessaire à cette étude.

Originaire de la Saxe, Neidhart, comte de Gneisenau, appartenait à une ancienne famille. Né en 1760, il était entré au service à vingt ans. S'il fut tôt capitaine, il dut sa disgrâce dans ce grade à l'indépendance de son esprit et de son langage. Sa conduite à Saalfeld, d'où il se retira en bon ordre dans une déroute qui était générale, lui valut le grade de major. Commandant la place de Colberg il y résista jusqu'à la paix de 1807 et fut récompensé de sa conduite unique par sa nomination comme colonel.

Le ministre Scharnhorst alla plus loin dans les

1. Clausewitz né en 1780 fit les campagnes du Rhin en 1793 et 94. Aide de camp du prince Auguste de Prusse en 1806, major, il passa en Russie, et y servit jusqu'en 1815. Il rentra alors en Prusse, se battit contre Grouchy, fut nommé en 1818 directeur de l'école militaire de Berlin et a laissé un ouvrage devenu classique sur l'art militaire sous ce titre : *De la guerre.* Gneisenau l'avait choisi comme chef d'état-major.

témoignages publics; il l'appela à présider la *Commission militaire* devant laquelle comparurent les commandants de places fortes qui s'étaient rendus sans raisons suffisantes et par une lâcheté devenue notoire ou proverbiale. Il lui attribua encore la présidence de la *Commission de la réorganisation de l'armée*, sûr qu'il aurait en lui un autre lui-même. Très habilement, le corps des officiers qui avait été lâche après s'être montré téméraire fût épuré et l'armée créée à nouveau. Elle compta en fait 60 mille hommes pour une population de 5 millions d'habitants, quoique Napoléon eût prescrit le chiffre de 40 mille comme un maximum, à Tilsitt. Par la création de la célèbre *Landwehr*, on eut le double à garantir comme effectif présent au drapeau à Vienne et à Pétersbourg, cabinets avec lesquels on intrigua même en 1812 où un corps prussien servait avec Macdonald. Quant au cabinet britannique, son or était le nerf palpable du Patriotisme allemand depuis 1792!

Pour sauver la *nationalité prussienne*, mot consacré quoique faux ethnographiquement, Gneiseneau reconnut les principes de la Révolution française. Il recourut à leur libéralisme pour faire fructifier le programme de la réforme militaire.

« Une cause, écrit-il, a contribué à porter la

» France à ce degré de puissance [1]. *La Révolu-*
» *tion a éveillé toutes les forces sociales et assuré*
» *à chacune un cercle d'action approprié.* Quel
» trésor de force latente inutilisée gît dans le
» sein des nations ! Dans l'âme de milliers et de
» milliers d'hommes demeure un génie dont les
» circonstances extérieures dépriment et arrêtent
» l'essor... La Révolution a mis en œuvre la force
» nationale tout entière du peuple français et si
» les Etats européens veulent rétablir les anciens
» rapports des nations entre elles et l'équilibre qui
» en résultait, il faut qu'ils puisent aux mêmes
» sources. S'ils s'approprient les résultats de la
» Révolution, ils auront le double avantage d'op-
» poser leur force nationale dans toute sa puis-
» sance aux forces étrangères et d'éviter les périls
» d'une révolution intérieure qui les menace en-
» core. »

Membre et âme de la Tugend-Bund, fait quar-
tier-maître général de l'armée de Silésie par la
volonté de son ami Blücher, le titre de général
major apprit à l'armée l'estime du souverain pour
son œuvre d'ensemble. Bientôt après, Leipzig lui
valut pour son rôle à l'état major général la nomination de lieutenant-général.

Tout-puissant dans les conseils, il poussa son

Traduit et cité par M. Cavaignac, *ibidem*.

chef à se précipiter sur Paris, en 1814, pour y satisfaire de réciproques fureurs. Autant que Stein et
Pozzo di Borgo, autant que le traître Bernadotte,
il voulut de sanglantes représailles indépendan-
tes du démembrement final [1]. Il inspira à son ami
la pensée conçue dès la bataille de la Rothière
d'occuper la capitale de la France, de s'y installer
à demeure et de s'y livrer aux plus basses vengeances. Wellington et Metternich en furent in-
dignés, témoignages inattendus et fort heureux
pour nous des fautes inutiles de Gneisenau qui
n'était pas prussien d'origine et qui renia plus
tard sa patrie, la malheureuse Saxe. Son projet
d'occuper Paris était contraire à l'opinion des souverains. Ces derniers pensaient avec raison qu'il
ne fallait pas accabler Louis XVIII par un pareil
acte, sous peine de lui rendre la tâche impossible.
Blücher ne voulut rien entendre. On reste dans la
vérité en imputant ce manque de sens politique
du maréchal prussien à l'influence sans bornes
de son chef d'état-major.

Lorsque Napoléon était rentré aux Tuileries le
10 mars 1815, quel avait été son langage politique

---

1. Gneisenau et Blücher trouvèrent contre eux la dignité et
la noblesse de Louis XVIII. « Je croyais, dit ce dernier au
Tzar, en rentrant en France régner sur le royaume de mes
pères. » Il ajouta qu'il ne resterait qu'à ce prix,

et qu'avait-il dit comme espérances futures ?

« Il ne s'agit pas de recommencer le passé.
» Je viens de demeurer une année à l'île d'Elbe
» et là, *comme dans un tombeau*, j'ai pu entendre
» la voix de la postérité. Je sais ce qu'il faut évi-
» ter, je sais ce qu'il faut vouloir. J'avais conçu
» jadis de magnifiques rêves pour la France. Au
» lendemain de Marengo, d'Austerlitz, d'Iéna, de
» Friedland, ces *rêves* étaient pardonnables. Je
» n'ai pas besoin de vous dire que j'y ai renoncé.
» Hélas, il ne m'est plus permis de rêver après
» tout ce que j'ai vu ! Je veux la *paix* et moi qui
» n'aurais jamais consenti à signer le *traité de*
» *Paris*, je m'engage maintenant qu'il est signé à
» l'exécuter fidèlement. »

Mais l'Autriche entendait conduire l'Europe et
pour y parvenir résolut d'abandonner le capitaine
qui avait épousé une archi-duchesse. La Russie
s'efforça par le Tzar de venger 1812. La Prusse
redoubla ses demandes territoriales et ses fureurs. L'Angleterre promit un concours de troupes pour sa part et à tous des subsides inépuisa-
bles. Napoléon fut mis *hors la loi*, comme un
bandit vulgaire, attentat sans excuse au droit des
gens.

Lorsque Napoléon eut provoqué l'Europe en
1815, la coalition se précipita en Belgique, l'Em-

pereur l'y prévint afin d'y battre ses armées séparément alors qu'on le croyait encore à Paris. Ney et Grouchy rendirent inefficace son génie.

A Fleurus, à Ligny, il vainquit; Waterloo fut sa perte. Le mouvement stratégique par lequel il succomba, ce fut Gneisenau qui l'inspira à Blücher [1].

Toujours, la *revanche* de 1806!

Blücher écrivait à sa femme: *Si Bonaparte m'est livré, je le ferai supplicier.* Dans une autre lettre, il ajoutait: *Je ne pourrai faire mieux que le faire fusiller.* Wellington protesta le 28 juin, dans sa lettre à Sir Charles Stwart où il dit: *comme ami, je lui ai conseillé de ne point commettre un acte aussi criminel.* Eh bien! on a le regret de constater que Gneisenau désapprouva la conduite honorable du généralissime anglais et la qualifia de *générosité théâtrale.* Il prit soin de s'expliquer formellement sur ses colères; il en entretint généraux et diplomates de la coalition comme si ces instances déguisées eussent pu ob-

---

1. Vaincu à Fleurus, ayant son cheval tué sous lui, Blücher eut tous les bonheurs. Son aide de camp Nostitz le sauva.

La retraite dans la direction de Wawre, ce fut Gneisenau qui la dirigea de son autorité et par une inspiration de guerre heureuse pour Wellington. Dans tous les cas embarrassants, c'était le chef d'état-major qui prenait le commandement en chef.

tenir gain de cause. Il ne dissimula en rien qu'il voulait opérer une *vengeance*, car il prononça jusqu'à ce mot. Sait-on le mobile de cette sauvagerie : l'appauvrissement de la noblesse prussienne. Et qu'on ne nous taxe pas d'injustice, c'est Gervinus qui a laissé de ceci un témoignage sûr [1].

Eh bien, au lendemain de Ligny, Napoléon a condamné la revanche par la délicatesse de sa conduite à l'égard des blessés prussiens. Les officiers de cette armée avaient été frappés dans une proportion supérieure à celle de leurs soldats. L'empereur visita ceux qu'il avait fait relever par des paysans brabançons accourus à sa requête. Il leur adressa une allocution généreuse, leur dit que la France ne répondrait pas par la haine à la Prusse, que s'il avait pesé sur leur patrie pendant les dernières guerres il fallait y voir une réponse à leurs fureurs de Pilnitz, au manifeste de Brunswick, à leurs invasions de 1792 et de 1793, à la guerre de 1806. Il leur affirma que leur conduite en 1814 constituait leur *revanche* et qu'il importait de mettre un terme à d'aussi sanglantes représailles. Pour lui, il entendait conformer ses actes à ses promesses. Il allait le leur prouver en leur

1. V. Gervinus, t. I, p. 327.

donnant des soins analogues à ceux que recevaient les officiers de sa garde [1].

Traduite en *langue allemande*, cette allocution leur fut répétée dans des termes qui les émurent. Ils l'accueillirent par le salut militaire. Malheureusement, l'horreur des champs de bataille occupa peu les hommes implacables qui dirigèrent les destinées des peuples, de 1792 à 1815. Que de responsabilités uniquement rejetées sur Napoléon, et qu'il n'a fait que partager. Cette allocution et ce qu'elle avançait, qui donc s'en souviendra au *Congrès de Vienne*?

La coalition était ébranlée mais non détruite avant Waterloo ; cette bataille lui rendit la victoire par le précieux concours de Blücher, imitateur en ce jour de Desaix à Marengo. Ce fut Gneisenau qui inspira le mouvement stratégique de son chef ; l'âme de l'armée de Silésie, ce fut lui. Son entrée en France et tout ce qui suivit jusqu'à Paris, c'est aux conseils de Gneisenau qu'il faut l'imputer [2]. Aussi, doit-il partager avec Blücher l'indignation de l'opinion pour les sauvageries ou les cruautés inutiles qui ont signalé les Prussiens

---

1. Quatre jours après la bataille, Louis XVIII envoya 400 mille francs aux blessés français.

2 .Il fut nommé après les opérations feld-maréchal.

15.

au mépris du monde civilisé et qu'on n'eut pas
dû attendre de pareils officiers [1].

Lorsque les plénipotentiaires de la coalition se
furent réunis, toutes les prétentions se firent jour.
Mais au milieu de ce chaos de colères, de haines
toutes intéressées et se résolvant par des distribu-
tions de territoires, la Prusse ne devait cesser de
se distinguer par l'énormité de ses demandes et
de ses jactances. Gneisenau ne sut pas échapper
aux sentiments de cruauté moyen-âge qui rui-
naient le parti militaire vengeur de la Reine, la
plus noble des victimes de Napoléon. Aussi écrivait-il à son ami Arndt une lettre découragée sur
l'impuissance de son cabinet en ses revendications
matérielles :

« Nous sommes, disait-il, en danger de conclure
» une nouvelle paix d'Utrecht et le danger vient
» du même côté qu'autrefois. L'Angleterre ne
» veut pas qu'il arrive de mal à la France : *pas de*
» *cession de territoire*. Que la Russie tienne un
« pareil courage, cela s'explique par sa politique
» égoïste, par son dessein de laisser l'Autriche et
» la Prusse menacées dans leurs frontières et de se
» ménager toujours dans la France un allié. Mais

1. Opinion personnelle du duc de Wellington plusieurs fois
répétée par lui à des officiers prussiens, à Blücher et à Hardenberg.

» pour l'Angleterre, on ne peut conclure d'une
» pareille perversité qu'un effort pour maintenir
» la guerre sur le continent et l'Allemagne dans
» sa dépendance. Elle a soin d'elle-même cepen-
» dant et entend garder les sept iles. La Prusse
» tient un langage digne : elle renonce à faire des
» conquêtes pour elle-même, elle veut seulement
» fortifier ses voisins aux dépens de la France...
» L'Autriche, ou plutôt Metternich est chancelant,
» douteux, il réfléchit à des alliances avec la
» France. La Bavière et le Wurtemberg se joi-
» gnent à nous. Si chacun était plus sûr et plus
» capable de suivre une politique supérieure,
» nous pourrions bien, en commun avec les petits
» Etats, faire la loi et les autres devraient se
» taire. »

Ainsi, la Prusse s'égalait aux grandes puissances avec 6 millions d'habitants, alors que la noble
Espagne avec 12 gardait le silence. Et pourtant
quel cortège de gloire, de Madrid à Séville ! De
Kœnigsberg à Breslau, toujours et uniquement
des démembrements !

CHAPITRE XIV

STEIN ET POZZO DI BORGO

SOMMAIRE

I. Lettre de Stein à la Reine Louise. — Il passe au service de
la Russie et réorganise l'Allemagne victorieuse de Napoléon
après avoir favorisé les sectes patriotiques. — II. Origine et
carrière anglo-russe de Pozzo di Borgo devenu par orgueil
l'ennemi personnel de Napoléon. — Inimitié contre la France.
— Le duc de Richelieu sauve la France d'un démembrement
au nord, à l'est et au sud.

Trois hommes politiques considérables, dont
deux devinrent premier ministre, ont été les ennemis les plus décidés de l'Empire et de la France
sur les affaires d'Allemagne en 1815. Stein, Pozzo
di Borgo, Metternich. Quels furent leurs dessins ?
des deux premiers du moins ? Le chancelier autrichien, s'étant occupé principalement de l'équilibre général. ne nous concerne pas.

I

Qu'était devenu Stein après son départ du ministère ?

L'exécuteur des colères et des revanches de la Reine Louise. Son rôle de 1809 à 1815 est tout entier dans cette pensée. Pozzo di Borgo et Metternich, chacun pour des motifs différents, le secondèrent dans la diplomatie comme Blücher et Gneisenau sur les champs de bataille ou dans les opérations de guerre.

Parti de Berlin à la fin de 1808 avec un passeport autrichien, Stein écrivit à son souverain alors à Saint-Pétersbourg où ce dernier renouvelait la scène du Serment de Postdam. Le ministre priait que Napoléon lui laissât sa fortune territoriale et en homme pratique demanda la levée du séquestre à raison de sa famille. Il écrivit ensuite à la Reine la lettre suivante :

« Madame. Dans peu d'heures j'aurai passé la
» frontière d'un pays auquel j'ai voué trente an-
» nées de services et sacrifié tout mon bien-être.
» Puisse-t-il au moins lui en résulter un bien
» quelconque ; et je supporterai mon malheur et
» celui de ma famille avec courage.

» Il m'en coûte de me séparer des braves gens
» qui m'ont marqué une amitié à toute épreuve et
» j'oublie les misérables qui s'y trouvent et qui
» m'ont persécuté. J'emporte le souvenir des bon-
» tés et des sentiments que Votre Altesse Royale
» m'a témoignés en toute occasion et de ceux de

» votre estimable époux ; je suis sûr que vous
» daignerez vous souvenir d'un homme qui vous
» est si sincèrement attaché...

» Dès que j'aurai trouvé un asile pour moi et
» ma famille, j'aurai l'honneur de vous écrire et
» de vous réitérer l'assurance de mon respec-
» tueux dévouement. »

L'idée devenue traditionnelle de la *revanche*,
en voilà le germe. On voit combien Stein promet
d'entretenir une correspondance suivie. C'est par
de tels actes que la France est devenue l'*Ennemi
héréditaire* dans le pays de ceux qui nous ont en-
vahi 18 fois ! Et ce qu'il y a de pis, c'est qu'en ne
cessant de le répéter, on a fini par le persuader au
peuple allemand [1]. Les fautes de Napoléon ont servi
cette thèse, sans qu'on veuille convenir des violences comme des abus commis en 1815 aux
Traités de Vienne. Ils durent encore !

Le 16 janvier, Frédéric-Guillaume remercia
par une lettre personnelle son ministre de sa décision. Scharnhorst l'informa, de son côté, de l'a-
sile que lui offrait le Tzar et de la continuation de
son traitement prussien. L'exil se terminait donc,

---

1. La ville de Nassau a érigé à Stein une statue, mais en 1872
seulement. Berlin a suivi cet exemple, en 1875, marquant à cette
date l'esprit et les iniquités de ses revendications féodales au
mépris de la *frontière du Rhin*.

en réalité par la perte de son ministère actif. Retiré à Troppau, il y resta en communication constante avec sa cour et entretint avec Gentz et le comte de Stadion une correspondance dangereuse pour la France. Sa chute devint le commencement de sa popularité et les patriotes allemands appelèrent l'Autriche sur les champs de bataille. La campagne de 1809 en fut la conséquence.

Le comte Ouwaroff le connut à cette époque ; il a laissé dans un récit instructif le témoignage de ce que Stein et Pozzo di Borgo tentaient alors pour l'Europe et pour l'Allemagne. Celle-ci était le seul but que poursuivit le premier ; le nœud de la situation était d'en finir par *l'occupation de Paris*. Il voulait *les Etats libres constitués depuis l'Alsace jusqu'à la Prusse orientale*, mêlant aux idées modernes, à sa propre idée de réforme démocratique les temps des Hohenstaufen, l'épée d'un Frédéric II pour finir par un empire Allemand dont les Hohenzollern auraient la direction.

L'Allemagne tira de Baylen une terrible conclusion, un témoin oculaire qui est aussi un historien [1] va nous l'exposer.

« Dupont a capitulé ! *La France peut donc être*

---

1. *Hist. de France sous Napoléon* par M. Bignon, t. VII. ch. VI, p. 326.

» *vaincue* ? L'Espagne peut donc reconquérir son
» indépendance ? Jusque dans le palais du roi Jo-
» seph, ce cri fait éclater les défections. C'est à la
» voix de la patrie que prétendent obéir tous ceux
» qui vont se séparer du prince auquel, la veille,
» ils juraient fidélité... Pour Joseph aussi, une
» grave question est posée : Madrid peut-il être
» conservé ?... Cet ébranlement général de l'ar-
» mée française qui du fond de l'Andalousie ra-
» mène les divers corps sur la rive droite de l'Ebre
» est la conséquence forcée des fautes d'un seul
» homme. Jusque-là le nom du peuple français
» était une redoutable puissance ; la fortune de
» Napoléon, un irrésistible talisman. Le talisman
» est brisé ; le grand nom du peuple français, de
» Napoléon, a perdu sa magie. Toute force mo-
» rale est détruite, il ne reste plus que la force
» matérielle, la force de l'homme contre l'homme. »

Le nombre comprit enfin son mérite, le seul
qu'il ait.

Il poursuivait toujours son *système* par une correspondance virulente et suivie que son biographe Pertz nous a conservée. Il abondait en conseils avec la Reine Louise, le comte Hardenberg
dont plusieurs parents nous servaient en Westphalie auprès du jeune roi Jérôme, avec Humboldt
très mêlé aux plans de résurrection prussienne

avec les ministres de son ancien souverain, avec
la réorganisateur des forces militaires, Scharnhorst,
avec son parent le comte d'Arnim, avec Niebuhr
son principal contradicteur, avec Hatt et Schill,
avec les princes nos ennemis secrets. Inquiété, il
écrivit au comte de Münster afin de passer au
service de l'Angleterre.

Le 27 mars 1812, le Tzar lui déclara qu'il le
prenait à son service : il accepta avec joie et se
rendit à Wilna. Par ses conseils, on organisa un
Comité des affaires d'Allemagne dont il eut la
présidence, l'appliquant à entretenir l'esprit public et créant à Prague une *agence* dans ce but ;
de là, 1813 avec ses conséquences.

Le 30 juin 1812, Stein écrivit au comte de
Munster une lettre où il résumait les mesures qu'il
appelait *nécessaires* pour entretenir dans la
masse de la nation la haine napoléonienne et celle
des princes ses complices. Les ouvrages destinés
à guider l'opinion devaient être introduits par les
côtes allemandes de la mer du nord et de la Baltique avec le concours de la flotte anglaise. Ces mesures excitaient les troupes prussiennes et west-
phaliennes, à l'émigration ; le duc de Brunsvick devait organiser au nom de la Prusse et de la Suède
une résistance armée pour faire une diversion
efficace contre Napoléon ; un corps de troupes

russes devait appuyer les Illyriens contre le front et le nord de l'Italie pendant que la flotte anglaise de la Sicile et de l'Adriatique opérerait une diversion de son côté.

Le Tzar répondit à cette lettre en la déclarant très bonne et promit de tout entreprendre personnellement pour les rendre acceptables par Bernadotte au concours duquel il fallait absolument s'attacher.

Pendant que s'accomplissait la folle expédition de Russie, Stein rédigea une *adresse aux Allemands pour émigrer et se réunir sous les drapeaux de la patrie.* Il leur reprochait de faire la guerre à la Russie qui depuis des générations avait accueilli des milliers de compatriotes parmi les siens. « Vous n'êtes, s'écriait-il, que les instruments de l'ambition d'un conquérant. Quittez ses drapeaux, ce sont ceux de l'esclavage, et de l'ignominie. Cinquante millions de Russes vont combattre et mourir pour l'indépendance nationale. Venez vous placer dans la *Légion allemande.* A la paix, la patrie accordera des récompenses aux vaillants. En cas d'insuccès, j'accorderai dans la Russie méridionale au climat si doux des établissements, » portait la proclamation que signa l'empereur Alexandre. « Mais si vous fléchissez vous périrez dans la misère et l'ignominie. »

Le roi Jérôme dès le 5 décembre 1811 avait
prévu ce réveil, il faut le constater à son honneur.
Il avait écrit à Napoléon : « On se propose l'exemple de l'Espagne et si la guerre vient à éclater, toutes les contrées situées entre le Rhin et l'Oder seront le foyer d'une vaste et active insurrection. »
Elle réussit, avouons-le, par le génie inspirateur
de Stein qui implanta en Russie l'influence allemande et obtint par là tout le concours de son
empereur. Présent partout par son incessante
correspondance, ce grand ministre s'efforça d'enlever au mouvement moscovite la direction des
affaires de son pays. Il lui préférait le Gouvernement Britannique prêt à tous les genres de sacrifices pour obtenir ce que Castlereagh nommait
assez insolemment l'Equilibre continental. On
a vu en 1815 ce qu'il entendait par cet équilibre !

Notre grand adversaire craignit qu'après l'évacuation de la Russie, Alexandre n'abandonnât la
cause prussienne. Aussi parvint-il à tracer le plan
de la *défection* du duc d'Yorck, à le faire adopter
et exécuter. A partir de ce moment, notre alliance
avec la cour de Memel fut publiquement brisée et
dénoncée, la Prusse et la Russie marchèrent d'accord et on statua que l'organisation de l'Allemagne
aurait lieu définitivement à la Paix. Le célèbre

Arndt servait de secrétaire à Stein durant cette phase des affaires.

Infatigable, ce dernier gourmandait Gneisenau le conjurant d'abandonner l'Angleterre pour apporter son concours à l'œuvre de la revanche. Il ignorait que ce général y avait négocié la mise à la solde anglaise de la garnison de Colberg, la conduite d'Yorck aggrava ces dispositions contre Napoléon.

Un ukase du 6 janvier 1813 confiait à l'ancien premier ministre l'administration de la Prusse orientale et de la Prusse occidentale qu'occupaient les armées russes. Il en fut le véritable souverain jusqu'en 1814, y leva les troupes actives, la landwehr, la landsturm, y perçut les impôts, nommant aux emplois, se souciant fort peu des négociations de son roi avec son vainqueur. Le 26 février 1813, la Prusse et la Russie s'unissaient par un traité signé à Breslau et dans lequel le Tzar rendait à la monarchie de Frédéric II ses limites de 1806 qu'avait imprudemment données la France et qu'elle avait aussi imprudemment détruite.

Stein triomphait enfin ! Il rentra à cette époque à Berlin comme ambassadeur de Russie.

Lutzen et Bautzen, Dresde et Leipzig furent les étapes préliminaires de la campagne de France.

Aux négociations finales, l'homme d'état prussien ne fut pas clairvoyant. Il fut allemand, négligea l'avenir, rêva d'un Saint-Empire moyenâge ; oublieux des leçons récentes, il ne vit plus ni la politique militante des Tzars, ni les conditions exactes de l'équilibre par ses concessions à l'Angleterre. Bismarck a fait triompher sa politique de 1813 !

II

Corse d'origine, de famille noble, Pozzo di Borgo naquit près d'Ajaccio dans une seigneurie qui portait son nom, en 1768. Il appartenait à la population qui est absolument indigène. On a vu en effet, des exilés de Gênes, de Piémont et de Sardaigne, de Toscane et des Légations, prendre pied dès le XIVe siècle en Corse. Pozzo et Paoli étaient *originaires* tandis que Bonaparte et Salicetti étaient des *réfugiés*.

Nommé par ses compatriotes à l'Assemblée législative de 1791, il n'y joua aucun rôle [1] mais il y prit en haine la Révolution française, que des orateurs emphatiques et des pamphlétaires démagogues allaient précipiter dans les tragédies, en

—————

1. Le 16 juillet 91, il avait exhorté Louis XVI à déclarer la guerre aux Autrichiens et aux Prussiens comme *agresseurs*.

invoquant Thémistocle, Brutus et Caton, alors qu'ils étaient eux-mêmes les caricatures de Catilina !

De retour dans son île, il s'attacha au parti de Paoli dont il fut un des chefs. Très hostile à Bonaparte, dénoncé par Salicetti, mandé à la Convention, il livra la Corse aux Anglais et s'enfuit sur leur escadre après la prise de Toulon[1] pour se mettre au service de la coalition.

Alors commença sa vie active dans les cabinets de la coalition dont il se constitua un agent redoutable par ses intrigues, par ses négociations et par les trames occultes. Engagé au service spécial du cabinet de Londres, ville dans laquelle il séjourna pendant 18 mois, il se montra astucieux, rusé et aussi haineux, aussi cruel que le voulaient les passions de Pitt. Dans ce rôle, il agita encore la Prusse, il gourmanda l'Autriche, apprit à Pétersbourg son mérite et y devint conseiller privé de l'Empereur. La coalition paya largement sa conduite.

La paix de Tilsitt lui enleva sa position auprès de son protecteur inattendu, le Tzar. Là encore, la paix était à peine signée qu'il s'efforçait de détacher le glorieux vaincu de Friedland des enga-

---

1. Voir Thiers en son *Histoire du Consulat et de l'Empire* t. XVII, p. 105.

gements qu'il venait de signer en parfaite connaissance des choses. Pozzo en ignorait les conditions, surtout les vues secrètes ; mais il appartenait de cœur aux vues anglaises et il se montra reconnaissant des riches subsides que lui fournissait ce cabinet.

On a raconté qu'arrivé à Saint-Pétersbourg il avait eu avec l'empereur Alexandre une conversation toute d'abandon [1] et où, après un échange de vues, son nouveau souverain lui avait persuadé de rester à son service. Pozzo refusa ; l'occasion lui parut belle de se poser en *adversaire personnel* de celui qu'il appelait dédaigneusement Bonaparte. Le comte de Maistre en a témoigné formellement. Il allégua que celui-ci n'avait pas oublié ses haines d'enfance. Au reste, ajoutait-il, l'alliance ne serait pas de longue durée ; alors, il reviendrait.

Il quitta aussitôt la Russie et n'en continua pas moins à lutter avec Napoléon qui le fit renvoyer d'Autriche à la paix de 1809 [2]. Il se rendit en Turquie et en Asie mineure, rentra à Londres pour y conclure l'alliance de son cabinet avec celui d'Alexandre et devenu en fait russe de nationalité re-

---

1. *Les diplomates européens*, par Capefigue, t. I, notice sur Pozzo di Borgo, p. 151.

2. C'est à ce moment qu'il prédit, dans une lettre curieuse, l'expédition de 1812.

joignit cet empereur après la campagne de 1812.

Il fut l'un des organisateurs de la coalition de 1813, négocia utilement avec Bernadotte, *rédigea avec lui les plans de Trachenberg*, intrigua auprès de Murat qu'il détacha de nous, contribua à la *trahison de Moreau*, engagea l'Autriche à toutes les vengeances et déclara que c'était à Paris qu'il fallait abattre l'empereur *au centre de sa puissance*. Il secondait puissamment Stein par une association de colères qu'exaltait leur double exil. Malheureusement, il était d'origine française. Aussi a-t-il fait dire de lui qu'il poursuivit dans Napoléon l'homme plus que le souverain, car il superposa sa haine personnelle à son ambition politique.

Sa correspondance et ses écrits publiés depuis peu nous diront peut-être tout ce qu'il accomplit pour relever la Prusse et venger la Reine Louise. Aveuglé par l'idée supérieure qu'il avait de ses talents, *il* croyait pouvoir se permettre tout, surtout combattre son ancienne patrie. Bernadotte et lui ne parurent se révéler en leur entier que pour attirer sur la France à la conférence de Trachenberg les plus sanglantes catastrophes. Pitt et Metternich, Blücher et Stein étaient, au moins, des étrangers et nul d'entre eux n'a osé se comparer à Napoléon. L'orgueil déplacé de Pozzo lui inspira cette pensée qui mérite tous les mépris. Ce fut lui

qui conseilla de marcher droit sur Paris afin d'y
venger, dit le général de Ségur, les humiliations
des capitales de l'Europe. On n'oublie pas davantage qu'il fut le rédacteur de la *déclaration* par laquelle le Tzar annonça, de Paris même, que les puissances ne traiteraient plus avec Napoléon [1].

Dans cet ordre d'idées, il parut des brochures
politiques dont les auteurs poussèrent aux extrè-
mes les violences de leurs compatriotes et de leurs
chefs d'opinion. On n'a qu'à citer le titre de deux
d'entre elles pour s'en convaincre : *La France est-
elle moins redoutable sans Napoléon.* Ou bien :
*De l'intérêt des Etats du sud de l'Allemagne
quant aux garanties à exiger de la France.* De
l'aveu de Gentz, les Prussiens poussèrent tout jusqu'à l'extravagance, la prudence indisposait sé-
rieusement Blücher contre le Tzar dont il diffa-
mait la prudente politique. Pour Wellington, on
l'accusa d'être plus Français que les français ? En
Hanovre, le plénipotentiaire Münster demandait
avec Blücher : *le Jura, les Vosges et les Arden-
nes !* Le mémoire de l'ami Hardenberg fut iden-
tique : *L'Alsace, les forteresses des Pays-Bas de*

1. Le général de Ségur a écrit dans ses *Mémoires* : « Ce ministre était devenu l'objet de la réprobation universelle. »
Michaud, un contemporain royaliste, l'a confirmé de tous
points.

la Meuse, de la Moselle et de la Sarre. A quoi Schaumann répliquait : le Béarnais tient de plus près à l'Alsacien que l'Allemand du Nord à celui du Midi.

La baronne de Krüdner et le duc de Richelieu voilà les sauveurs des frontières naturelles de la France aux Traités de 1815, malgré les violences de Stein intervenant en personne auprès du Tzar.

C'est à Hardenberg textuellement que l'empereur Alexandre dit ces mémorables paroles : LES ALSACIENS RÉPUGNENT A DEVENIR ALLEMANDS ! Pour la conduite de Blücher, de ses troupes et des contingents du sud, il fut aussi sévère. Il n'eut, raconte Pertz d'après les papiers de Stein, que des paroles de désapprobation sur l'armée prussienne, elle n'avait qu'un but : la vengeance. Le tzar ne craignit pas de déclarer qu'elle souillait « la noble cause des Alliés » par la violence de ses soldats.

Il ne paraît guère que les ministres, les diplomates et les publicistes, les journalistes et les historiens de Prusse se souviennent de ceci, si même ils en sont instruits. Ils se contenteront sans doute de répéter avec Stein dont les passions restèrent inassouvies : *Les Russes veulent que l'Allemagne demeure vulnérable.* Les vœux de Hardenberg : Lorraine, Alsace, Flandre, 1200 millions, la Prusse officieuse les formulera encore en 1875.

Mais Alexandre II lui prouva que ce temps et celui des perfides conseils de Pozzo di Borgo étaient bien finis ! Sur ceci, nous nous expliquerons ailleurs.

CHAPITRE XV

LES REVENDICATIONS DE LA PRUSSE AU TRAITÉ DE PARIS ET L'EMPEREUR ALEXANDRE

SOMMAIRE

I. Revendications de la Prusse en 1814. — La Saxe et le Rhin. II. Revendications en 1815 comme provinces et comme indemnités financières. — Notes Castlereagh et Hardenberg.

I

Les revendications de la Prusse aux traités de Vienne prirent pour base apparente : l'*intégrité* antérieure au traité de Tilsitt ; pour moyen d'exécution : la *possession de la Saxe*.

On allait donc se partager les peuples comme des troupeaux et on n'était qu'en décembre 1814 [1]. Que sera-ce en 1815, après Waterloo !

1. L'ouverture du congrès avait été indiquée pour le 30 juillet ; elle eut lieu en réalité le 25 septembre. On peut dire que toutes les couronnes y furent personnellement représentées par les souverains eux-mêmes.

On recula sur la Saxe cependant, seul sujet qui doive nous occuper ici ; mais il fallut les fières paroles de Talleyrand : *Restez entre vous. Aujourd'hui même l'ambassade française quittera Vienne et tout ce que vous ferez sera nul pour elle.* Devant cette menace d'en appeler à l'Europe, le congrès des souverains modifia ses vues ; nous fûmes admis aussitôt à la Commission d'évaluation d'où avait prétendu nous exclure le tenace Hardenberg.

Le 2 janvier 1814, l'état-major de cette nation parla de l'*Unité germanique* et osa déclarer que chaque agrandissement à elle propre était un pas fait dans cette voie et ne pouvait être opéré que par elle. Stein se distingua dans l'expansion de cette doctrine formulée par le baron Guillaume de Humboldt. Elle devint à chacune des séances des commissions une thèse dérivant d'un *système*. C'est ce que les historiens ont justement nommé : *l'arrogance prussienne* [1]. De 1866 à 1870, on l'a singulièrement oubliée !

---

1. M. Capefigue a consacré une biographie instructive au baron Guillaume de Humboldt l'un de nos plus violents ennemis et à son frère Alexandre le savant. Il montre combien la gloire du second a favorisé les violences haineuses du frère diplomate à tel point qu'on ne le cite jamais. Ce fut lui cependant qui accusa la Saxe d'avoir trahi la *cause allemande....* Résultat pour

On ne l'admit à aucun titre en 1814 et ce fut
contre elle que l'Angleterre organisa sur le conseil
de lord Caslereagh, une alliance entre l'Autriche,
la France et elle pour réprimer de telles *insolences*. Ce dernier mot appartient au ministre britannique, il mérite d'être conservé !

Le 3 janvier, Talleyrand signa ce traité célèbre
sur la base pour la France des frontières de 1799.
L'Europe oublia qu'elle l'avait constamment provoquée.

Tout ce mois fut employé, relativement à la
Prusse, à discuter les évaluations contradictoires
de ses *mémoires justificatifs*. Sur la connaissance
du traité secret conclu le 3 janvier, le cabinet de
Berlin transigea, sur le conseil de l'empereur
Alexandre. La Saxe perdit la moitié de son territoire et le tiers de sa population. Le roi Frédéric-
Auguste fut mandé à Pest pour donner son consentement à l'ordre émané en congrès. Il dut accepter.

Son terrible adversaire n'eut désormais qu'un
but : s'étendre des bords du Niémen à ceux de la
Meuse. Il y parvint presque sans interruption (car
la monarchie de Frédéric II fut reliée par la restitution du duché de Posen), depuis la Silésie jusqu'à
la Vieille Prusse.

la Prusse : la possession du moyen-Rhin. *Les diplomates euro
péens*, t. III, p. 69 et 70.

On a le droit de regretter qu'un royaume n'ait pas été créé [1] sur le Rhin avec la jolie ville de Bonn pour capitale. L'Angleterre, paraissant prendre le parti et les intérêts du roi de Saxe et toujours jalouse de notre nation, en décida autrement appuyée par le chevaleresque Louis XVIII. Or, il faut le constater avec regrets, les passions qui animaient les plénipotentiaires les inspiraient mal pour l'avenir de l'équilibre européen comme pour sa sûreté [2]. Il n'était pas nécessaire d'y placer le roi de Saxe ; or, c'est ce choix qui donna lieu à toutes les difficultés.

La démonstration n'est plus à faire depuis la campagne de 1866 et de 1870.

Qu'advint-il en 1815 ?

1. Nous raisonnons dans le sens des diplomates de Vienne, mais nous n'adoptons nullement leurs vues, le Rhin séparant en réalité la Gaule de la Germanie.

2. C'est pourquoi nous n'admettons pas toutes les critiques de sir Lytton Bulwer en son *Essai sur Talleyrand* contre Thiers. Ce dernier pensait avec raison que la création d'un Royaume du Rhin aurait été plus utile à l'Europe que les combinaisons complexes ou honteuses du congrès. Le temps s'est chargé de lui donner raison soit en 1866, soit en 1870 ; or, son ouvrage date pour cette période de l'année 1860. Mais il s'est trompé lui aussi en disant qu'il fallait y mettre le roi de Saxe ; en le faisant, on eût donné raison aux appétits de la Prusse.

(Dans sir Bulwer, p. 287 à 290 relativement à la Saxe, et à la Belgique et à l'Angleterre.)

II

Interprète de la pensée intime du Tzar, lord Castlereagh écrivit, le 17 août, une dépêche où il s'élevait contre le démembrement de notre patrie, en termes décisifs.

« *Enlever* à la France quelques portions de ter-
» ritoire et une ligne de forteresses, c'est *l'exas-*
» *pérer sans l'affaiblir*, dépopulariser le roi ou le
» forcer à se jeter dans les bras de son peuple, ôter
» à la paix qu'on veut faire toute chance de *durée*
» et inaugurer pour longtemps en Europe le *sys-*
» *tème des armées permanentes*. Les intérêts de
» l'Angleterre et ceux des puissances allemandes
» sont loin d'être identiques ; celles-ci pouvant
» payer, nourrir, habiller leurs troupes aux dépens
» de la France, n'ont nul désir d'arriver à une
» conclusion [1].

Le 2 septembre, le même plénipotentiaire produisait un mémoire que la Russie approuvait le 7 du même mois et qui fut bientôt imposé à l'Autriche. Il y était dit.

---

1. Les textes des dépêches citées ici ont été publiées en 1872 par M. A. Sorel, membre de l'Institut, dans son travail sur le *traité de Paris du 20 novembre 1815* qui fit l'objet d'un cours sur l'histoire diplomatique à l'École libre des sciences politiques. La renommée de cette école, le choix de ses professeurs et les ouvrages dont ils sont les auteurs dispensent de tout éloge.

« Le gouvernement anglais ne méconnaît pas la
» nécessité de protéger les frontières ouest de
» l'Allemagne ; l'Angleterre n'a rien plus à cœur ;
» mais ce résultat serait mieux assuré par la cons
» truction de forteresses en Allemagne que par la
» cession de *territoires attachés à la France*
» *depuis un siècle* et dont la perte soulèverait
» *l'indignation* dans tous les cœurs français. On
» doit se borner à faire rentrer la France dans la
» *frontière de* 1790, à occuper certaines places
» fortes, à frapper une contribution de guerre des-
» tinée en partie à la construction de forteresses
» défensives dans les États voisins de la France.
» Un démantèlement général ne serait pas moins
» fâcheux que des cessions de territoire et ne se-
» rait pas plus efficace.

» Si on *démantelait* toute une ligne de places
» fortes sans accompagner cette mesure d'un
» agrandissement territorial correspondant pour
» les États voisins de la France, on aurait nui à
» ces États plutôt qu'on ne lui aurait servis. On
» les exposerait à de nouvelles guerres sans leur
» donner un accroissement de puissance intérieure
» qui leur permît de les soutenir. *L'amoindrisse-*
» *ment de la France aurait une action désavan-*
» *tageuse sur l'équilibre politique de l'Europe,*
» dont le maintien a été la base de toutes les tran-

» sactions diplomatiques jusqu'à la révolution
» française.

» L'occupation temporaire peut s'étendre à tou-
» tes les places désignées dans le dernier mé-
» moire du prince de Hardenberg comme devant
» être l'objet d'une cession. Une occupation de
» sept années aura les mêmes avantages qu'une
» annexion réelle.

» Les demandes de la Prusse changeraient tout
» le système de négociations ; elles en feraient une
» négociation ordinaire où l'on exige et marchande.
» Nous pourrions être jetés ainsi dans l'embarras,
» si la France repoussait l'*Ultimatum*, dénonçait
» l'*armistice* et reprenait les armes. Entreprendre
» de ce chef une nouvelle guerre ne saurait entrer
» dans la pensée du gouvernement Anglais ; mais
» il se fera un plaisir de s'entendre avec le gou-
» vernement Autrichien et Prussien sur tous les
» points conformes aux bases qu'il a indiquées
» pour la négociation. »

La Prusse n'accepta pas cette base que l'Angleterre elle-même proposait parce qu'elle savait le
projet arrêté du Tzar de ne souffrir aucun démembrement et de laisser à la France sa dignité entière.
Ce fut devant leurs violences que lord Clancarty
s'écria, parole trop oubliée aujourd'hui, que l'on
n'en finirait avec la Prusse que par la guerre ! Son

souverain n'ignora pas ce cri d'indignation et ordonna à Hardenberg d'offrir des propositions acceptables et conçues dans l'esprit des vues russes. Frédéric-Guillaume en reçut le conseil direct du Tzar. Il fallut une *entrevue* des deux souverains pour obtenir le nouveau mémoire du 8 septembre. Il marque la défaite des haines du baron de Stein, des jactances odieuses de Blücher inspirées par le feld-maréchal de Gneisenau, des colères injustes de Guillaume de Humboldt et des mensonges de Hardenberg. La lecture d'un simple extrait va prouver la justesse de nos appellations.

« Nous serions sans doute en droit d'exiger
» des provinces entières de la France qui nous a
» fait tant de mal afin de nous garantir à jamais
» contre ses attaques ; nous ne redemanderions
» que l'héritage de nos pères qui nous a été ravi
» par elle... Les malheurs qui pourraient être la suite
» des mesures qu'on va prendre ne sauraient jamais être attribués au moins à la Prusse. Le roi,
» mon auguste souverain, m'ordonne de déclarer
» que, voyant ses hauts alliés réunis dans un
» sentiment contraire, il est prêt à leur porter le
» sacrifice des siens afin de maintenir avant toute
» chose l'union heureuse qui existe entre les qua-
» tre causes. Sa Majesté se flatte toutefois qu'on
» aura égard aux modifications que j'ai l'honneur

» de proposer et qui ne portent aucune atteinte au
» principe établi par lord Castlereagh et adopté
» par sa Majesté Impériale de toutes les Russies
» d'après lesquels la France doit être réduite à
» l'état de 1790.

» Il reste à s'expliquer sur le montant de la
» contribution. Ici, le devoir envers ses propres
» sujets fait la loi au roi. Ils ont été ruinés par les
» Français, il faut les soulager, les préserver d'une
» ruine totale, leur donner les moyens de se re-
» faire. La générosité envers la France que d'au-
» tres puissances peuvent peut-être exercer devien-
» drait une injustice criante pour les Prussiens.

» ... La France peut, sans faire de sacrifices
» semblables de loin seulement à ceux qu'elle a
» fait souffrir à la Prusse, suffire à ce que j'ai pro-
» posé et payer 1.200 millions. »

La Russie ne soutint ni les excès en réduction
de frontières, ni le taux de l'indemnité milliardaire.
Aussi, Varnhagen de Ense appelait un *échec* et une
honte l'adhésion prussienne aux nouvelles conditions. Cependant, la France perdait les districts
des Pays-Bas, de l'Allemagne et de la Savoie que
lui avait laissés le traité de 1814. Ces parties s'ap-
pellent : Landau, Philippeville, Sarrelouis, Marienbourg. La place d'Huningue était démantelée,
la principauté de Monaco nous était retirée même

en espérance. La contribution de guerre s'élevait à 700 millions, une armée de 160 mille hommes devait séjourner sur les frontières du nord et de l'est payée à nos frais.

Hardenberg protesta pour l'*avenir*.

La Prusse, s'écria-t-il, *ne pouvait pas décider l'affaire contre toute l'Europe*, elle s'est sacrifiée pour la tranquillité des peuples.

La base de la légende future, la voilà posée dans une lettre confidentielle au conseiller Butte.

Que voulait-on à Berlin ?

Ce que déclarait Hardenberg le 8 septembre : *Des provinces entières de la France* afin de se garantir... On se contenta en 1815 des Electorats de Trèves et de Cologne ; on prendra plus tard : l'Electorat de Mayence, l'Alsace et la Lorraine. On avait payé en 1815 la somme de 2 milliards à l'Europe, la Prusse en exigera 5 en 1871 pour elle seule et comme l'occupation de la période 1870-71 n'y est pas comprise pour les réquisitions, c'est 6 milliards qu'il faut dire.

De Hardenberg à de Sybel, la *légende* a fait son chemin.

Malheureusement pour les inventeurs de ce concept, un diplomate Autrichien a écrit en 1876 un livre révélateur sur *Deux chanceliers*, le prince Gortschakof et le prince de Bismarck. Il prouvait que

ce dernier nommait perruques de Postdam les clairvoyants de son pays opposés à ses négociations avec
les chefs du parti de la Révolution européenne, notamment avec les machiavels italiens. Il dévoilait
l'organisation savante d'une presse officieuse soldée
pour publier tantôt des calomnies tantôt des mensonges pervers. Il exposait pied à pied les trames
habiles qui entraînèrent la Russie dans l'orbite
prussien ; il établissait que le chancelier russe avait
été trompé dans la prétendue politique : Orient et
Occident. Il put s'écrier, en concluant, que le
triomphe du prince Gortschakof dans la question de
la Mer Noire aboutirait à une association de dupé
grâce à laquelle se trouverait complété le but de
Hardenberg et de Bismarck : l'*Unité germanique*
dérivant de la Prusse, vivant en elle seule et absor-
bée à son profit au détriment même de la Russie.
L'Europe en perdrait son équilibre, c'est-à-dire son
indépendance. Donc, en 1871 le traité de Francfort
n'avait été que la réalisation des visées scandaleu-
ses de Stein et de Blücher en 1813 arrêtées alors
par Alexandre Ier et acceptées aujourd'hui par la
diplomatie de l'Europe.

Une aussi formidable erreur durera-t-elle longtemps, ajoutait le publiciste ?

Il en a vu, comme nous, la fin.

CHAPITRE XVI

L'EMPEREUR ALEXANDRE ET LE DUC DE RICHELIEU

SOMMAIRE

Portrait de l'empereur Alexandre. — Arbitre de l'Europe, il défend les intérêts de la France. — Le duc de Richelieu, son origine politique, sa carrière. Son œuvre. — Carte du démembrement. — Lettre au duc Decazes.

Depuis la mort de Louis XIV, la France a varié son système d'alliances entre deux puissances l'Angleterre et la Russie. L'entente avec la Prusse, œuvre de Voltaire et des Jacobins, a été éphémère. Le Régent, Louis XVI, Louis XVIII, ont voulu la première. Fontenoy, la Convention et le Tzar en 1814, l'ont trois fois brisée. Louis XVI, Napoléon, Louis XVIII, devenus plus clairvoyants par les faits [1], ont tour à tour recherché et voulu l'alliance russe.

[1]. L'Angleterre n'avait jamais reconnu l'Empire et avait donné à Louis XVIII un généreux asile alors que le reste du continent lui était fermé.

Celui vers lequel se reportaient les espérances de la France régnait depuis le 24 mars 1801. Il avait succédé à l'âge de vingt-six ans à un empereur déclaré fou, mais assassiné par ordre de l'Angleterre[1], en fils respectueux des volontés et des volontés de ce malheureux prince. Alexandre, a dit un témoin oculaire, avait la beauté de son âme réfléchie sur ses traits. D'une taille élevée, d'une grâce qui rappelait celle de son aïeule, avec des yeux bleus dont la douceur redisait la franchise, d'un front haut, d'un teint blanc comme le marbre, d'une voix caressante, distingué dans toute sa personne et surtout à cheval, saluant de l'épée avec une dignité majestueuse, tel était le jeune Empereur lorsqu'il parut à Postdam, à Tilsitt et à Paris. Il charmait par les yeux.

L'excès des bonnes intentions chez ses maîtres avait nui à son originalité; il avait plus écouté que pensé et plus obéi que voulu. Mais si l'esprit n'était que cultivé, son âme était grande, ses aspirations généreuses, son amour de la vertu profond

1. Incrimination fort juste d'un diplomate russe contre lord Witworth, alors ambassadeur à Pétersbourg. A l'exception des chefs, les conjurés de second ordre étaient ses amis. Et cependant, parmi les premiers on trouve le comte Benningsen, hanovrien de naissance, c'est-à-dire sujet de l'Electeur de Hanovre, roi d'Angleterre. (*Russie et France*, ch. xii, p. 138, publication de 1887.)

et la gloire une aspiration incessante. Le temps
développa tant de qualités et les événements lui
permirent de trouver la gloire pour son pays en
1807 et en 1812 ; il la cultiva pour nous en 1814, en
1815, subjugué par notre César d'abord et plus
tard par le génie de notre nation. Pas plus que
celle-ci il n'avait cru à la vitalité des excès révolutionnaires et un jour était venu où il n'avait plus
admis la dictature d'un vainqueur qui s'était fait
le créateur des trônes et des couronnes, la terreur
des cours.

La subjection de 1807 relevée en 1812 n'avait
laissé dans l'âme de ce souverain aucun ressenti-
ment contre la France. Le temps était passé des
éblouissements à la suite desquels le Tzar avait
cru avoir plus profité en quelques jours d'entretiens intimes avec Napoléon que dans toute sa vie
politique. L'heure des revanches venue contre la
servitude européenne, il avait compris que le dé-
molisseur de génie avait cherché son principal appui pour une œuvre bâtarde et injustifiable à Saint-
Pétersbourg. De là était arrivé le choc final entre
les deux empires[1]. La victoire avait prouvé autant
que les cris des peuples qu'il ne pouvait y avoir

1. Louis XVIII écrivit à l'empereur Alexandre après la Béré-
sina une lettre touchante dans laquelle il prenait sous sa protection tous les prisonniers français (V. aux pièces justif.).

deux empereurs égaux en Occident, dont l'un serait effacé réellement au fond du nord de l'Europe. Tout avait concouru à dévoiler les erreurs de
la diplomatie napoléonienne, de toutes les diplo-
maties françaises la plus fautive et la plus personnelle. Des fiords du nord, elle avait tout compromis jusqu'aux Dardannelles et avait, par le sort
des armes, tout perdu. Par une série de fautes politiques accumulées durant cinq années, elle avait
exposé la fortune de notre patrie si grande depuis
1792 ; il y eut une heure où tout avait croûlé.

Le Tzar nous défendit constamment à Paris et à
Vienne. Il rechercha la *popularité* de notre capitale, il voulut jeter les bases d'une *alliance*, il refusa aux Prussiens brutaux de venger Moscou sur
Paris. Son intervention fut la victoire d'un arbitre et non l'œuvre d'un barbare ; aussi, avait-il
appris à notre Patrie à savoir aimer la sienne.

Si Napoléon a conservé, ce qui est équitable, la
gloire militaire, on peut avancer qu'Alexandre Ier
voit consacrer l'estime du monde contemporain par
l'histoire. S'il a été l'arbitre de l'Europe, il est resté
l'idole de l'opinion à Paris. On pense avec raison
que la Russie est plus populaire depuis sa générosité dans nos revers qu'elle ne l'était sous Catherine II dans sa prospérité guerrière. Il a régné
effectivement sur l'Europe et a présidé des assem-

blées de rois. Modérateur suprême, il eut la destinée de purifier sa toute puissance parce qu'il vit en elle un sacerdoce.

Tel était l'homme politique, étudions son action utile.

Et d'abord, quel était le collaborateur que lui donna Louis XVIII ?

Armand du Plessis, comte de Chinon dès son enfance, duc de Fronsac à la mort de son père, duc de Richelieu plus tard, marié à une Rochechouart, accouru à Versailles aux journées d'octobre 1789, ambassadeur intime auprès de Joseph II, présent au siège d'Ismaël contre les Turcs, colonel russe dans les rangs du prince de Condé, bientôt de retour à Pétersbourg, exilé de la cour par Paul Ier, ami du nouvel empereur, n'acceptant la fin de l'émigration que pour utiliser les débris d'une fortune détruite à l'extinction des dettes de sa famille, refusant les faveurs de Bonaparte, réorganisateur des provinces méridionales de la Russie, tel fut le plénipotentiaire définitif de la France en 1815.

Louis XVIII devenu très formaliste et personnel durant ses malheurs ne pardonnait pas au duc d'avoir délaissé son service comme gentilhomme à sa cour d'alors. Il s'en souvenait encore en rentrant aux Tuileries. Le grade gagné avec la croix

de Saint-Georges en Russie lui déplaisait et il fallut la gravité des événements comme l'importance
de son nom pour qu'il accordât ses faveurs à celui
qui allait bientôt l'augmenter. Pair du royaume et
premier gentilhomme, le duc allait bientôt prouver ce que vaut l'influence de la grande noblesse
dans les négociations diplomatiques devant l'Europe.

Le retour de l'Ile d'Elbe et Waterloo avaient
exaspéré les cabinets ; la France parut promise à
tous les démembrements ; la Prusse nous reprocha nos victoires, taisant ses duplicités et ses
trahisons.

Depuis Erfurth, Alexandre Ier avait jugé Talleyrand pour ce qu'il valait comme probité individuelle.
Les événements avaient confirmé avec le temps
l'éloignement instinctif qu'il éprouvait pour lui et
Louis XVIII avait enfin compris que le second ministère de cet homme, moins illustre qu'on le croit,
compromettrait nos intérêts auprès du souverain
alors de tous le plus puissant. Le prince se rendait si bien compte de son impopularité qu'il avait
proposé comme ministre de la maison du roi, dans
son premier ministère, le duc Armand. Mais celui-ci avait refusé pour trois motifs : le premier
ministre, l'influence anglaise toute puissante sur
le premier cabinet parlementaire, le choix du ré-

gicide Fouché auprès duquel il n'entendait siéger à aucun prix. Le Tzar n'avait pas caché son animosité contre celui qu'il accusait d'avoir tant de fois trompé, le duc de Richelieu prit sa succession après s'en être vivement défendu.

On le trouva partout illustre par son nom, d'une réputation personnelle qui honorait encore ce nom, sachant se défier de lui-même, plein de droiture et seul apte à rendre des services signalés au lendemain de tant de désastres.

Talleyrand avait opéré sa retraite savamment ; il avait déclaré qu'il démissionnait et que sa résolution était un acte de patriotisme car il n'entendait pas signer un traité comme celui que proposaient les alliés, 24 septembre. Nul ne fut dupe de son explication. L'éclat du titre de son successeur et son passé portèrent à espérer qu'il amoindrirait les exigences des puissances allemandes devenues implacables et qu'il limiterait les violences de l'ultimatum. L'esprit public ne fut pas déçu dans son attente.

La prépondérance de Napoléon avait été bien autrement grave que celle de Louis XIV et l'a surpassée en juste impopularité. Le système napoléonien basé sur les couronnes dévolues à divers membres de sa famille l'avait rendu intolérable [1].

1. On ne saurait comparer ce Système au Pacte de famille,

17.

Les souverains qui avaient été ses alliés ou ses adversaires firent retomber sur la France elle-même le poids de leurs ressentiments ou de leurs égarements. Leurs ministres interprètes courtisans allèrent jusqu'à la colère et accusèrent notre patrie du retour de l'île d'Elbe.

Waterloo ne fut pas une défaite qui diminue une nation, cette journée fut un désastre pour Napoléon seul qui parut y avoir perdu son génie en même temps que sa couronne. Son empire y disparut, non sa gloire militaire. Mais l'Europe trembla devant les débris de cette armée que son chef avait mollement engagée et aussi mollement conduite. Elle eut comme la terreur de ces soldats qui savaient si grandement mourir. La France put être en deuil, et ce deuil fut grand, elle ne fut pas humiliée. La *guerre civile* lui fut au moins épargnée malgré les tentatives d'un parfait coupable, le jacobin Fouché devenu duc !

La Russie fut la seule puissance qui ne partagea pas ces haines intéressées où on parlait d'équilibre et où on ne cherchait que des acquisitions de provinces. L'Empereur Alexandre s'éleva contre

traité du 15 août 1761 appelé à réparer la portée de nos revers dans la Guerre de Sept ans par une alliance offensive et défensive entre les rois de France, d'Espagne, des Deux-Siciles et de Prusse à laquelle se joignit l'Autriche.

les acquisitions véreuses par une généreuse sympathie dont il serait ingrat de taire le souvenir et dans un but tout aussi élevé: conserver un allié sûr, au midi de l'Europe.

Ce fut en s'inspirant de ces vues que le duc de Richelieu rédigea pour le Tzar un *Mémoire* spécial où il rappela le respect dû à la Maison de Bourbon.

La France, dit-il, *en recouvrant ses rois devait recouvrer le territoire qu'ils avaient gouverné; sans cela toute Restauration deviendrait imparfaite.*

Tout ce que la France perdrait en puissance, ajoutait-il, servirait ses rivales en accroissant à la fois leur force et leur importance. On accorderait donc au centre de l'Europe une supériorité à l'Autriche et à la Prusse. Le développement de ces idées acheva de nous assurer les dispositions bienveillantes d'Alexandre et permit à son interlocuteur d'accomplir la tâche redoutable qui lui incombait contre ceux qui accusaient le cabinet russe d'une générosité scandaleuse. Stein et Hardenberg étaient les chefs avoués de ce clan.

Les projets de l'Angleterre, de l'Autriche et de la Prusse substituant leurs fureurs à l'avenir d'un Équilibre bien entendu se formulaient en quatre points principaux :

Cession des territoires où étaient situées les places de Condé, Philippeville, Marienbourg, Givet, Charlemont, Sarrelouis, Landau; les forts de Joux et de l'Ecluse; la destruction des fortifications d'Huningue; une indemnité de 800 millions; l'occupation durant sept années par une armée de 150 mille hommes des frontières nord et est, y compris Dunkerque devant laquelle paraît toujours trembler le cabinet britannique; enfin, l'Alsace et la Lorraine!

On nous imposait ainsi de revenir à la France de Louis XIII.

Lorsqu'il connut ces projets, Louis XVIII protesta par l'admirable lettre du 21 juillet au Tzar :

« La conduite des armées alliées réduira inces-
» samment mon peuple à s'armer en masse con-
» tre elles, *à l'exemple des Espagnols.* Plus jeune,
» je me mettrais à sa tête, mais si l'âge et les in-
» firmités ne me le permettent, au moins je ne
» veux pas sembler conniver aux violences dont
» je gémis. Je suis résolu, si je ne puis obtenir
» justice, *à me retirer de mon royaume et à de-*
» *mander asile au roi d'Espagne.* Si ceux qui,
» même après la capture de l'homme auquel *seul*
» ils avaient déclaré la guerre, continuent à traiter
» mes sujets en ennemis, et qui doivent par con-
» séquent *me* regarder comme tel, veulent attenter

» à ma liberté, ils en sont les maîtres ; j'aime
» mieux être dans une *prison* qu'aux Tuileries,
» témoin passif du malheur de mes enfants. »

C'est en cette circonstance et dans l'Entrevue
qui en fut la suite que le Tzar s'écria : *Non, non,
Votre Majesté ne perdra pas ces provinces.*

Les géographes allemands s'inclinèrent avec
joie devant les convoitises du *parti prussien* qui
avait émis tant de folies. C'est ce parti qui a créé
en Allemagne la *légende* de la reine Louise, puis
celle des provinces perdues à reprendre comme
ayant été un *vol à main armée.* Les géographes prussiens publièrent une nouvelle carte de France qui
montrait déjà notre patrie dépouillée de ses provinces, notamment de celles que nous appelons les
frontières naturelles. Le duc représenta à l'Empereur russe que la France ne manquerait pas de
reprendre l'épée à la première occasion car les autres puissances doublaient ou triplaient leur population et leur territoire ; il s'exprima avec une cha-
leur de conviction propre à peindre le désespoir
d'un peuple resté grand et qui avait marché à la
tête de la civilisation avec un éclat qu'attestaient
les convoitises dont il était l'objet.

La *légende prussienne* dut rentrer dans son rêve
sur le Démembrement.

Les places de Condé, de Givet, de Charlemont,

les forts de Joux et de l'Ecluse nous furent laissés; l'indemnité fut baissée de 100 millions et l'occupation réduite à 5 ans, avec faculté de cessation après trois. L'Alsace et la Lorraine nous restèrent.

Ce que nous devons à la Russie, le voilà.

On aurait tort de croire que Louis XVIII eût du penchant pour l'Empereur Alexandre; le nouveau roi n'aimait que le Régent d'Angleterre. Or, de toutes les puissances coalisées une seule se montrait disposée à nouer avec la nôtre des relations utiles et fécondes, la Russie. Son souverain n'avait cessé d'être bienveillant à tous; il avait témoigné à notre pays les égards les plus délicats. Certains procédés du roi l'avaient mécontenté, mais il n'en avait pas moins manifesté le désir de rester uni avec nous par une Alliance; il la voulait étroite avec le pays et avec la dynastie qui y régnait. Par la topographie, cette puissance est l'*alliée naturelle* de la France, car les cabinets de Vienne et de Londres prompts à s'entendre jalousent les deux autres. Aucun point de collision ou de rivalité n'existe entre Pétersbourg et Paris, la nature leur a donné les mêmes adversaires, en dépit de la Question turque elle-même.

Le jeu des combinaisons diplomatiques ramena Louis XVIII à Alexandre en 1815 après lui avoir été opposé précisément pour ce qui avait fait la force du Tzar, sa protection.

Un diplomate contemporain a laissé sur la *carte du démembrement* le témoignage suivant :

« Richelieu devait à son retour (en 1818) ins-
» truire Hauterive de tous les détails secrets de la
» négociation, anciens et nouveaux, et il lui mon-
» tra une *carte* de la France où étaient marqués
» les douloureux sacrifices qu'on voulait d'abord
» exiger d'elle. Cette carte avait été remise au duc
» par l'Empereur de Russie lui-même qui, en la
» lui présentant, lui disait ces mots charmants :
» *Voilà, mon cher duc, à quoi nous avons*
» *échappé.* N'est-ce pas là le ton des tendresses,
» des confidences de la famille, appliqué aux gra
» ves circonstances de la politique !

» Le grand Empereur de toutes les Russies
» vient de s'exprimer en noble fils de la France ;
» il avait *échappé* comme nous à l'affront ! Qu'il
» suffise de savoir qu'on nous enlevait Lille, Metz
» et Strasbourg avec deux lieues en deça de cha-
» cune de ces villes, sur toute la ligne, depuis la
» Flandre jusqu'à l'Alsace !

» Cette carte, dont Hauterive prit une copie est
» restée en original dans les mains des héritiers
» du duc. Ils la conserveront comme un monument

» de la confiance qu'inspira le grand caractère de
» ce négociateur [1]. »

Durant trois années le drapeau étranger flotta
sur les remparts de l'est et du nord, la France eut
à se rendre digne de la bienveillance des cabinets
par sa sagesse au dedans, par la reconstitution de
sa puissance financière avec le baron Louis et de
sa réorganisation militaire avec le grand Gouvion
Saint-Cyr. Le temps seul devait prouver les bienfaits de la paix sous un prince justement apprécié
aujourd'hui et duquel on n'a plus le droit de dire
qu'il rentra avec les siens dans les fourgons de
l'étranger, calomnie atroce que dément son gouvernement non moins que la haute intervention du
Tzar en 1815 [2].

Pendant trois années encore, notre patrie devait
lutter contre les préjugés antinapoléoniens des alliés pour reprendre en 1818 le *rang qui lui appar-*

1. *Histoire de la vie du comte d'Hauterive* par le chev. Artaud
de Montor, chap. XXXIII, p. 448.

2. Le comte Beugnot a raconté dans ses *Mémoires* la conduite
insolente des Prussiens au quartier général après le retour de
Gand. On braqua « des canons sur le Pont-Royal en face même
des Tuileries » ; le service des pièces était fait mèche allumée
par ordre de Blücher dont les troupes avaient été les premières
à entrer dans Paris. Aussi, Beugnot s'écrie: « Voilà comment la
famille royale nous a été imposée pour la seconde fois par les
étrangers, en 1815. »

tient dans le monde, selon les expressions de Louis XVIII.

Le 20 novembre, le redoutable Traité fut signé dans l'hôtel du duc de Richelieu.

Le continuateur du Cardinal qui avait assuré *l'unité* de la France prononça alors ces paroles qui appartiennent à l'histoire :

Je viens de signer un traité pour lequel je devrais porter ma tête sur l'échafaud !

Les sentiments qui brisèrent son âme, il les a consignés dans une lettre au duc Decazes, écrite durant cette même nuit :

« Tout est consommé ; j'ai apposé hier plus
» mort que vif mon nom à ce fatal Traité. J'avais
» juré de ne pas le faire et je l'avais dit au roi ; ce
» malheureux prince m'a conjuré en fondant en
» larmes de ne point l'abandonner et, dès ce mo-
» ment, je n'ai plus hésité. J'ai la confiance de
» croire que, sur ce point, personne n'aurait
» mieux fait que moi ; et la France, expirant sous
» le poids qui l'accable, réclamait impérieuse-
» ment une prompte délivrance. Elle commencera
» dès demain. »

Le souverain en apprenant l'œuvre de 1815 prononça ces admirables paroles : *J'ai assez vécu puisque j'ai vu la France libre et le drapeau français flotter sur toutes les villes françaises.*

Louis XVIII a laissé sur le libérateur d'alors[1] une Note dans laquelle il a tenu à lui rendre un hommage éclatant.

Les souverains réunis à Paris traitaient le roi, y est-il dit, avec de grands égards ; la générosité se montre toujours aux cheveux blancs, mais la violence des procédés de l'invasion n'en subsistait pas moins. C'est le duc de Richelieu qui mit fin à tout et c'est de la signature de la Convention de 1815 que *la postérité lui saura le plus de gré*[2]. Son extrême loyauté lui avait acquis à l'étranger une considération telle que bien peu de ministres en ont eu[3] de semblable.

1. Note publiée pour la première fois par Lamartine dans son *Histoire de la Restauration*, t. VI, liv. 15.

2. Lorsque des exaltés poussèrent le duc aux vengeances, il répondit : « Ce sont les confiscations qui rendent irréparables les maux des révolutions. En punissant les enfants elles lèguent aux générations les haines et les vengeances. »

3. Le délai pour l'évacuation complète était fixé au 30 novembre, et le reliquat des indemnités restant dues par la France à 265 millions, dont 100 millions devaient être soldés en inscriptions de rente sur l'Etat, et le surplus en traites mensuelles payables dans un délai de neuf mois, qui fut ensuite porté à dix-huit ; on voit qu'à la différence de ce qui s'est passé en 1873, le territoire était libéré avant l'entier paiement, et que quand on reproche injustement aux Bourbons d'avoir été ramenés en France par l'étranger dont le retour de l'île d'Elbe avait seul provoqué l'invasion, on oublie que ce sont précisément eux qui l'en ont fait sortir.

Les Chambres lui votèrent une dotation de 50 mille francs qu'il refusa, il la transféra aux hospices de Bordeaux.

Sous la coupole de l'Institut, un dernier hommage lui a été rendu par Villemain au nom de l'Académie française : *En lui, l'honnête homme soutenait et grandissait l'homme d'Etat !*

Désormais, un seul cri sortira des poitrines françaises.

Le Rhin, lui seul, peut retremper nos armes.

APPENDICE

Le 27 octobre, l'Empereur arriva de Charlottenbourg à la tête de sa Garde.

« Le soir de ce même jour, les Berlinois pouvaient assister à un spectacle vraiment prodigieux.
Sur les gazons d'ordinaire si soignés du Lustgar-
ten et jusque sur la place conduisant au Château,
d'innombrables feux de bivouac éclairaient *a
giorno* des hommes superbes, des armes étincé-
lantes et les plus riches uniformes au milieu desquels flottaient par milliers les étendards aux
couleurs françaises rouge, bleu et blanc.

» Dix mille hommes étaient là, réunis autour
du Château où l'Empereur avait établi sa résidence. Et quand on constatait qu'on pouvait pénétrer individuellement dans ces groupes et satisfaire librement sa curiosité, l'étonnement et
l'admiration redoublaient. Chaque soldat, par sa
bonne mine et sa bonne tenue, avait l'air d'un

officier ; chaque officier d'un chef de corps, d'un
héros. Ils chantèrent, dansèrent et banquetèrent
fort avant dans la nuit [1]. »

Les femmes, 2 novembre 1806, ne manquaient
jamais d'assister à la parade impériale devant le
Château. Elles visitaient les campements, les soldats leur en faisaient les honneurs. Ils réclamaient au départ une haute paye de baisers qui
n'effrayait aucune visiteuse, qui n'était jamais
refusée et où plus d'un militaire se permit des intrigues dont le théâtre a redit les suites inattendues. Si l'on en croit les contemporains, la *Fille
du régiment* n'a pas été un cas isolé.

ÉDIT DE BRESLAU DES 3 ET 9 FÉVRIER 1813

« Les dangers qui menacent aujourd'hui l'Etat
exigent une prompte augmentation de nos troupes, tandis que l'état de nos finances ne permet
aucun surcroît de dépenses. L'amour de la patrie
et l'attachement à leur roi qui ont toujours animé
les peuples soumis à la monarchie prussienne et
qui se sont plus fortement prononcés dans les cas
de danger, n'ont besoin pour être dirigés vers un

[1]. V. art. sur Varnhagen en ses *Souvenirs*, dans la *Nouvelle
Revue* du 15 mai 1887.

but déterminé, que d'une occasion favorable à la brave jeunesse, pour qu'elle puisse déployer le courage qui l'appelle dans les rangs des *anciens défenseurs de la patrie*, afin de remplir auprès d'eux le plus beau de ses devoirs envers le royaume. C'est dans cette vue que Sa Majesté a daigné ordonner la formation de détachements de chasseurs destinés à être annexés aux bataillons d'infanterie et aux régiments de cavalerie dont se compose l'armée, afin d'appeler au service militaire les classes des habitants du pays que les lois n'y obligent point et qui sont cependant assez fortunées pour s'habiller et s'équiper à leurs frais et pour servir l'Etat d'une manière compatible avec leur position relativement au *civil* et afin de donner à des jeunes gens instruits l'occasion de se distinguer pour devenir un jour d'habiles officiers ou bas-officiers. »

LA FAMILLE DE LA REINE LOUISE EN 1813

Déclaration de S. A. S. le grand duc de Mecklembourg-Strelitz.

Du 30 mars 1813,

« L'Empereur de Russie et le roi de Prusse se sont réunis pour combattre l'Empereur des Français, pour défendre l'indépendance de l'Europe, mais surtout l'honneur et la liberté de l'Allemagne. C'est avec le sentiment de mon devoir que je joins à cette union les forces que mon pays peut me fournir : je ne fais sans doute pas cette démarche sans avoir bien connu les grandes ressources dont les augustes protecteurs de la liberté peuvent disposer pour atteindre leur but sublime ; mais je la fais surtout plein de confiance en Dieu, qui approuve que l'on choisisse et que l'on fasse ce que la justice ordonne.

Pendant que le prince le plus puissant de l'Europe se disait mon protecteur, je n'avais autre chose à faire qu'à diminuer ou à rendre au moins supportables les souffrances de mon pays et les fardeaux dont il est accablé. Ces maux et ces fardeaux, le prétendu protecteur lui-même en était l'auteur.

Des troupes françaises inondaient mon pays et dévoraient sa substance pendant que j'étais obligé de fournir et d'entretenir, pour des objets entièrement étrangers à mon peuple, un corps de troupes très considérable pour nos ressources. Le commerce maritime, sans lequel le bien-être du Mecklembourg ne peut exister, était interdit. Des douanes françaises occupaient le pays, levaient

1. *Histoire des traités de paix,* par de Garden, t. XIV, p. 186.

des contributions pour leur Empereur, brûlaient arbitrairement des marchandises et nous étions obligés de les nourrir.

On exigea de nous, pour les armées françaises, des canonniers destinés à asservir les Allemands, et lorsque les princes les plus puissants de la confédération du Rhin condescendaient à donner ce que l'on demandait, il ne me resta d'autre parti à prendre que celui de *suivre* leur exemple.

Des espions se glissaient partout et les noms des citoyens les plus probes remplissaient leurs listes de dénonciation, soit qu'ils eussent proféré une parole qui annonçât leur indignation, soit qu'ils eussent déplu à ces délateurs. Des militaires français saisissaient au milieu de nous des citoyens mecklembourgeois pour les juger arbitrairement.

Tel est le tableau fidèle de l'état dans lequel nous nous trouvons depuis six ans : nos propriétés, notre liberté politique et personnelle étaient entre les mains des étrangers et vous étiez obligés de verser votre sang pour eux.

Mecklembourgeois, Allemands, l'heure de la délivrance est arrivée et il en était temps ! Montrons, par le courage et la force que nous mettrons dans notre entreprise, que nous sommes dignes d'un temps plus heureux. Le succès est immanquable, lorsque chacun fait son devoir. C'est dans les temps comme ceux où nous vivons que les âmes fortement trempées se distinguent de celles qui sont engourdies par l'égoïsme et par la faiblesse ; c'est dans ces temps que l'on acquiert l'estime du monde ou qu'on la perd à jamais.

Nous acquerrons l'estime des Allemands, lorsque chacun de nous fera avec enthousiasme ce qui dépend de lui.

Avec l'aide de Dieu, je me montrerai digne aussi d'être nommé un prince allemand. Et vous, fidèles Mecklembourgeois, vous donnerez l'exemple à tous nos frères les Allemands afin que nos noms soient consignés dans les fastes de l'histoire et que nos enfants puissent se vanter d'avoir eu des pères estimables. »

Neu-Strélitz, 30 mars, 1883.
Signé :
CHARLES, grand-duc de Mecklembourg.

LIGNY

Dépêche du baron Fain au roi Joseph.

« Monseigneur,

» Il est neuf heures du soir. L'Empereur, qui

est à cheval depuis trois heures du matin, rentre, accablé de fatigue. Il se jette sur son lit pour s'y reposer quelques heures ; il doit remonter à cheval à minuit. Sa Majesté ne pouvant écrire à Votre Altesse me charge de lui mander ce qui suit.

»..... Il est possible qu'il y ait demain une affaire très importante. »

Le lendemain, c'était Fleurus ; le surlendemain, Waterloo.

Charleroi, 15 juin (9 heures du soir).

WATERLOO

Il s'est passé à Waterloo une série de faits uniques dans l'histoire militaire.

Le vainqueur ne prit aucune pièce de *canon* durant la bataille.

Nous ne perdîmes qu'un *drapeau.*

L'ennemi ne fit *aucun prisonnier* par les combats si divers et si mouvementés de Mont-Saint-Jean, de la ferme de la Belle Alliance et des Quatre-Bras, où avaient combattu les Anglais, les Prussiens, les Français.

Les *blessés* furent son triste trophée.

Sur les soixante mille hommes morts ou blessés

des trois armées, les Prussiens s'acharnèrent sur les blessés français, Ils ont fait dire d'eux qu'ils commirent dans cette nuit des *horreurs* indignes de leur nation, qu'ils assassinèrent des officiers en masse et jusqu'au général comte Duhesme. Nulle nation n'a donné un pareil spectacle en aucun temps.

Blücher et Gneisenau, voilà les coupables ; ce sang, quoi qu'on dise à Berlin, demande justice.

Ces iniquités sont devenues un *système*, pouvant ramener l'Europe à la barbarie.

LETTRE DE LOUIS XVIII AU TZAR, APRÈS LA BERÉSINA

« Le sort des armées a fait tomber dans les mains de Votre Majesté Impériale plus de cent cinquante mille prisonniers ; ils sont, la plus grande partie, Français. Peu importe sous quel drapeau ils ont servi ; ils sont malheureux, je ne vois parmi eux que mes enfants ; je les recommande à la bonté de Votre Majesté Impériale. Qu'elle daigne considérer combien un grand nombre d'entre eux ont déjà souffert et adoucir la rigueur de leur sort ! Puissent-ils apprendre que leur vainqueur est l'ami de leur père ! Votre Majesté ne peut pas me donner une preuve plus touchante de ses sentiments pour Moi. »

Béranger lui-même a honoré cette intervention qu'il apprit d'un *intéressé dans la chanson intitulée : Le bon Français.*

LE DUC DE RICHELIEU A ODESSA

« Les ravages de la guerre avaient converti en déserts incultes toutes les provinces qui avoisinent la Mer Noire et la barbare ignorance des Musulmans n'était pas capable de les réparer. Les vieilles colonies romaines des Palus-Méotides n'existaient plus que de nom ; il fallait, en peuplant ce désert, y ramener la civilisation européenne par une surveillance féconde, attentive. Au commencement de 1803, le duc de Richelieu fut nommé gouverneur d'Odessa, puis appelé à l'administration générale de la Nouvelle Russie, climat doux, sorte d'Italie sans arts, sans culture. Aucun établissement n'était achevé, on y comptait à peine, répartis dans une ville considérable, 5.000 habitants.

» Maître absolu du pouvoir, M. de Richelieu n'hésita devant aucune amélioration, alors même qu'elles froissaient les vieilles coutumes, les intérêts égoïstes : c'est toujours à l'aide de ce pouvoir absolu que les grandes choses ont été faites ! Tout

sembla rajeunir : le commerce débarrassé d'entra-
ves prit l'essor le plus rapide ; à Odessa, la population avait décuplé. L'administration du gouverneur s'étendait des vastes contrées du Dniester au
Kouban et au mont Caucase. Plus de cent villages
peuplés par des colons étrangers, anabaptistes, allemands, donnèrent l'exemple des pratiques les
pluséclairées de l'agriculture; d'immenses champs
de blé déployèrent leurs ondulations verdoyantes
au milieu des plaines qui naguère offraient à peine
aux Tartares quelques herbages pour leurs troupeaux.

» Il fallut établir une sorte de système féodal
pour défendre le pays contre les invasions des Circassiens au casque d'or, à la cuirasse de chevalier
du temps des Croisades. Le duc de Richelieu devint
le chef militaire de la colonie ; il avait du courage,
du dévouement, un désir de gloire ; les établissements de la Mer Noire ne pouvaient réussir avec
grandeur qu'après la soumission de la Circassie
au système russe, conquête que le cabinet de
Saint-Pétersbourg accomplit aujourd'hui.

» Plusieurs fois, pour mettre un terme aux dé-
prédations des Circassiens, le duc de Richelieu fut
obligé de pénétrer dans leurs montagnes à la tête
de quelques régiments russes afin de les contenir
et de les dominer. Le noble duc ne négligea rien

pour étendre dans ces pays barbares les bienfaits de la société européenne ; plusieurs jeunes Circassiens, que le cours des événements et les triomphes de la guerre avaient mis entre ses mains, furent élevés sous ses yeux, instruits dans nos arts, façonnés à nos mœurs ; ils retournèrent au milieu de leurs compatriotes, dont ils commencèrent à adoucir les habitudes : telle était un peu la coutume des Romains à l'égard des nations vaincues.

« Cette administration si active se manifestait an milieu de la peste qui dépeupla Odessa en 1813. Le duc de Richelieu déploya la fermeté et l'intelligence nécessaire dans cette crise lamentable ; il fut plus d'une fois obligé de recourir à la force militaire, qui se confond toujours dans le gouvernement russe avec l'administration civile. Il faut visiter Odessa pour voir tout ce que son gouvernement a produit : le duc semblait avoir hérité du génie créateur du grand Cardinal ».

(*Les Diplomates européens*, par M. Capefigue, biog. Richel.)

LE PRINCE DE TALLEYRAND, PAR DE GENTZ

18 février 1818.

« Le prince de Talleyrand autour duquel se rallie aujourd'hui tout ce qu'il y a de plus intrigant

et de plus dangereux dans les premiers cercles de
Paris, fait un mal prodigieux au gouvernement.
Sans professer lui-même ni l'une ni l'autre opinion, se jouant, se moquant tour à tour de tous
les partis et les méprisant tous également, il saisit cependant tout ce qui peut faire tort aux ministres et par ses mots spirituels, ses plaisante-
ries amères, par la duplicité de sa conduite, par
les caresses qu'il prodigue à tous les mécontents
et par son ascendant dans la société, il est sans
contredit leur plus redoutable ennemi. Il agit directement ou indirectement sur l'esprit des ministres des Cours étrangères et, sans qu'ils s'en
doutent eux-mêmes, leur fait suggérer une partie
des Rapports qu'ils adressent à leurs chefs ».

(Dépêches inédites publiées en 1876.)

TABLE DES MATIÈRES